Chamanes, a escena

Teatro

El camino de los elefantes

La entrevista

Antonio Rodríguez Jiménez

ALBACETE 2024

Título: *El camino de los elefantes / La entrevista*
1ª edición, abril de 2024

Dirección: Anaís Toboso & Pedro Gascón
www.chamanediciones.es

© de las obras Antonio Rodríguez Jiménez
© de la imagen de cubierta Pablo Alfaro (nombre de la
    obra: *La senda*)
© de la fotografía del autor Carmen Cebrián
© de la edición Chamán Ediciones

Diseño: Chamán Ediciones
Maquetación: Marino Rubio Izquierdo
Corrección ortotipográfica: Antonio Rodríguez Jiménez y
    Pedro Gascón
Impresión y encuadernación: Estilo Estugraf Impresores S. L.

ISBN: 978-84-126989-4-7
D.L.: AB 216-2024
BIC: DD

Impreso en España

Índice

El camino de los elefantes
(Drama en un acto)

El camino de los elefantes
de
Antonio Rodríguez Jiménez

fue estrenada en el EA! Teatro de Albacete
los días 27 y 28 de abril de 2024.

Los actores y actrices de ese estreno fueron:

Yolanda Ibáñez como Diana
Susana M. Sánchez como Irene
Manuel Lozano como Roberto
Paco Villar como Rafael

Dirección a cargo de Paco Redondo

Producción, sonido, iluminación,
escenografía y vestuario
de
EA! Teatro

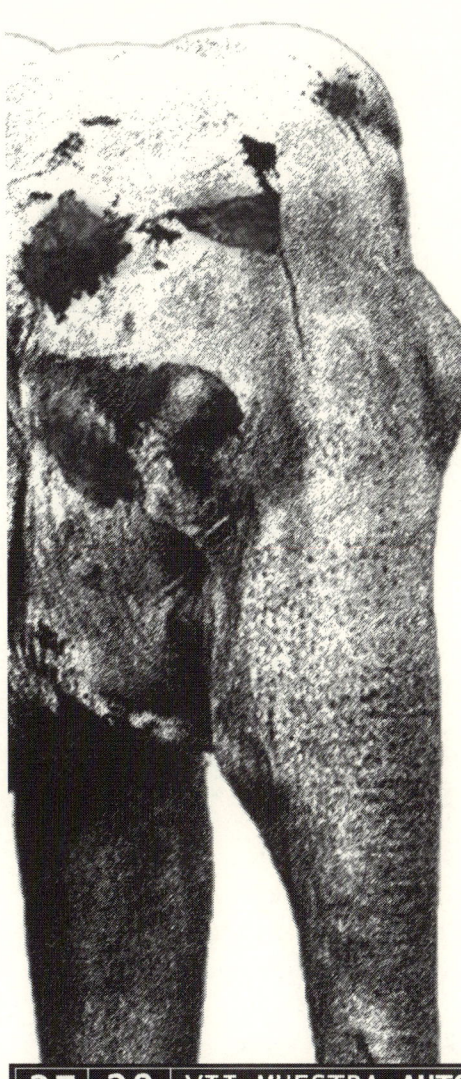

EL CAMINO DE LOS ELEFANTES

Reparto
Yolanda Ibáñez
Susana M. Sánchez
Manuel Lozano
Paco Villar

Dirección
Paco Redondo

**Producción, sonido,
iluminacion,
escenografía y
vestuario**
EA! Teatro

27 ABR 20:00 | 28 ABR 19:00 | VII MUESTRA **AUTORES_AB**
Antonio Rodríguez | **EA! teatro**

Cartel del estreno
© Ana Redondo

PERSONAJES

Diana: Mujer de entre 50 y 55 años. Farmacéutica de profesión. Inteligente y segura de sí misma, hasta que sus creencias comienzan a desmoronarse. Pragmática, tras renunciar a sus sueños de juventud.

Irene: Mujer de poco más de 50 años. Maestra. Idealista y soñadora. Espiritual y empática.

Roberto: Marido de Diana y de su misma edad. Abogado de profesión. Entregado a su trabajo y, al igual que su esposa, pragmático y convencido de sus renuncias.

Rafael: Anciano de unos 80 años de edad. Viudo. Enfermo de Alzheimer. Fue poeta y profesor. Hombre culto, soñador y comprometido.

SINOPSIS

Diana es una mujer madura con un negocio exitoso, una familia y una buena posición económica. Sin embargo, un curioso suceso ocurrido cerca de su ciudad saca a la luz varios fantasmas de esa vida aparentemente envidiable: la huella del padre, al que una terrible enfermedad está apagando poco a poco, junto con sus recuerdos; la relación con su hermana y con su marido o la renuncia a los sueños del pasado.

Al lector y espectador

La tarde del 2 de abril de 2018, un camión que realizaba el trayecto entre Madrid y Murcia volcó en la autovía A-30 a la altura de Pozo Cañada (Albacete). Pertenecía a un circo y transportaba cinco enormes elefantes africanos. A causa del accidente, uno resultó muerto, dos ilesos y otros dos sufrieron heridas de diversa consideración, por lo que tuvieron que ser alojados en una nave cercana hasta que –bajo los cuidados de sus veterinarios habituales– estuvieron en condiciones de reanudar el viaje.

Las fotografías de aquel precioso atardecer, en el que un sol anaranjado recortaba la silueta de cuatro elefantes paciendo en la llanura manchega, dio la vuelta al mundo. En cuanto las vi, supe que era un momento único.

Por aquel entonces llevaba tiempo pensando en escribir una obra sobre el mal de Alzheimer, ya que mi tía Adela, la persona que me transmitió el amor por los libros, lo padecía. Los elefantes que irrumpieron de forma inesperada en un paisaje extraño iban a ser el elemento disruptivo, la diminuta piedra que provoca la grieta en el cristal. El ordenado desorden en el que viven Roberto y Diana empieza a resquebrajarse cuando Irene, maestra y soñadora –como Adela– intenta empujarlos hacia el lado más incierto, pero más hermoso.

El camino de los elefantes habla de la memoria. Pero, si bien resulta dramática la pérdida de los recuerdos, no le va a la zaga la desmemoria social e histórica; máxime, cuando la democracia –con todas sus imperfecciones– se ve una vez más seriamente cuestionada y amenazada.

El camino de los elefantes es una obra que, como casi todas, habla de los afectos y sus contradicciones; de las miserias de la enfermedad y de la dignidad; de los padres y los hijos; de gente que se quiere extrañamente; de personas que no se van del todo, como Adela, a quien se la dedico especialmente.

Antonio Rodríguez Jiménez
Albacete, marzo de 2024

ACTO ÚNICO

Escena I

(Rafael está solo escribiendo. Su mujer y las niñas duermen y la casa está en silencio. Si hay algún tipo de decoración, esta será propia de los años 60 del siglo pasado.)

RAFAEL: *(Leyendo lo que acaba de escribir.)*
"Cómo podrás vivir sin los dientes del lobo,
pequeña soñadora que ríes en mis brazos.
Cómo podrás vivir sin el veneno
mortal de las serpientes
entre tus enemigos,
pequeño animal dócil.
Tú, que no sabes nada
del arte de la guerra…"

(Deja de leer el poema y comienza a reflexionar en voz alta.)

RAFAEL: No está mal… *(Pausa.)* "Tú, que no sabes nada del arte de la guerra…" Y te llamas Diana… ¡Qué paradoja! *(Sonríe y hace una pausa.)* Espero que no tengas que luchar, no… Eso espero… Que ni tu hermana ni tú tengáis que luchar por vuestras ideas como tuvo que hacer vuestro abuelo. No, supongo que, cuando seáis mayores, el mundo será distinto; pero, aun así, nunca se está a salvo… Entre los hombres nunca está uno a salvo, no señor… Nunca se sabe cuándo van a repetir la Historia o, mejor dicho, cuándo van a olvidarla…

Pero ahora es muy pronto aún, sois tan pequeñas... Ahora sólo dormís, sobre todo Irene –cuando quiere, claro– (*sonríe con ternura.*) Diana e Irene; la diosa guerrera y la de la paz; mi pequeña soñadora y mi pequeña durmiente... Tendréis que ser valientes, hijas mías, muy valientes. Ahí fuera nadie regala nada; y menos a una mujer... Todos lo tenemos difícil ahí fuera, no creáis... Pero vosotras tendréis que demostrar siempre un poco más: un poco más que el hombre; un poco más que el rico; un poco más que el allegado político; un poco más que todos... Los mejores personajes son aquellos que se abren paso entre las líneas enemigas, en un entorno completamente hostil: Celestina, Lázaro de Tormes, Hamlet... Tú, Diana, tienes al menos el nombre idóneo para salir victoriosa...

(*Pausa. Ríe ligeramente mientras cambia de tema.*)

Tu madre se queja –y con razón– de que los poemas que le escribo a Irene no son muy personales, que sólo hablan de un bebé que duerme y que podría ser cualquiera... En fin, ¿y la energía que despide su cuerpecito dormido? ¿Y la paz de su aliento, de sus pequeños párpados? "¡Qué resistencia ofrece tu reposo a la amarga lección de la experiencia..." ¡Ay, niñas! ¡Qué lástima ser hijas de un poeta y no de un millonario! (*Irónico.*) Aún no tenéis edad para entender todo eso. Bueno, si es que alguna vez se tiene edad suficiente para entender ciertas cosas... Yo no sé si la tengo aún y aquí me tenéis. "Que la vida iba en serio, uno lo empieza a comprender más tarde..." (*Pausa.*)

Bueno, pues va siendo hora de irse a la cama. (*Se oye el llanto de un bebé en una habitación contigua.*) ¡Vaya! Esa es Irene. (*Sin elevar demasiado el tono de voz.*) Ya voy, hija, no despiertes a tu hermana... ¡Voy! (*Sale.*)

Escena II

(Diana y Roberto coinciden en la misma habitación de una casa actual. Ella, recién levantada, somnolienta y sin arreglar. Él, ya listo, revisando su maletín antes de salir.)

ROBERTO: ¡Buenos días! ¿Qué tal te has levantado?

DIANA: Hola. ¿Has vuelto a dormir en la habitación pequeña?

ROBERTO: Sí... Llegué muy tarde y no quería despertarte.

DIANA: Bueno, me suelo despertar de todas maneras... ¿Con quién estuviste?

ROBERTO: Ya te lo dije: con Ernesto y con Rovira.

DIANA: ¿Hasta tan tarde?

ROBERTO: Claro, estuvimos cenando en el Asador; teníamos que ver el asunto de la candidatura...

DIANA: ¿De qué candidatura?

ROBERTO: Pues, ¿cuál va a ser? La del Colegio... Ya te lo he contado, te dije que pensábamos presentarnos...

DIANA: Me dijiste que se renovaba el decanato este año, pero no que fuerais a presentaros vosotros… Y, ¿vas a poder compaginarlo con el despacho?

ROBERTO: Mujer, todos lo hacen…

DIANA: Sí, pero, entre unas cosas y otras, no se te va a ver el pelo… Si ya vas atacado con el despacho, ahora, con esto, ni te cuento…

ROBERTO: Ya, pero, para eso están los fines de semana, ¿no?

DIANA: Bueno…

ROBERTO: Por cierto, hablando de fines de semana, recuerda que el sábado pasamos el día con Marino y Olga en el barco.

DIANA: (*Con poco entusiasmo.*) Sí, ya lo sé. (*Pausa.*) Anoche llamó Aurora. Como no estabas…

ROBERTO: ¡Ah, vaya! ¿Y qué dijo?

DIANA: Nada. Que estaba muy bien. Tampoco hablamos mucho, la verdad… Tenía prisa porque se iba a una fiesta, para variar…

ROBERTO: ¡Qué sorpresa! Buena vida lleva la niña… ¡Una fiesta continua! Digo yo que tendrá que estudiar en algún momento, ¿no?

DIANA: Bueno, ya sabes cómo son estas becas… Déjala que disfrute de la experiencia. No creo que le exijan mucho luego.

ROBERTO: En realidad, de beca no tiene mucho… ¡Menudo dineral está costando *la experiencia*! ¡Y en libras!

DIANA: El caso es que está contenta…

ROBERTO: ¡Como para no estarlo! (*Pausa.*) No sé, de todas formas, no creas que estoy del todo tranquilo estando allí la niña… Cada día se ven en las noticias más casos de agresiones a españoles… Mira que si se cruza con algún indeseable de esos… ¡No lo quiero ni pensar!

DIANA: Pues no lo pienses. ¿Por qué iba a pasarle eso? Hay más de ciento cincuenta mil españoles viviendo en el Reino Unido, sin contar los estudiantes como ella que van sólo para unos meses… A veces las noticias son muy alarmistas.

ROBERTO: ¿Alarmista? ¡No fastidies! Sólo me preocupo por mi hija. ¿Es normal, ¿no?

DIANA: Bueno, pues si tanto te preocupas llámala hoy, ya que anoche no estabas cuando llamó ella…

ROBERTO: ¡Y dale! Estaba trabajando, mujer…

DIANA: ¿Cenando y alternando también se trabaja?

ROBERTO: Pues claro que sí, Diana. En mi profesión, sí. Todo no es despachar medicamentos. Pero, no te preocupes, que yo la llamaré. Otra cosa es que me coja el teléfono, porque, con el ritmo de vida que lleva… (*Silencio.*) ¡Ah! Se me olvidaba decirte que Marino me preguntó si te gustan las anchoas o prefieres *carpaccio* de buey para el sábado.

DIANA: ¡Ah!, pero, ¿se lleva las anchoas? Yo pensaba que las iba a pescar él: estando en el mar y con barco nuevo…

ROBERTO: Sí, claro, un atún rojo te va a pescar…

DIANA: (*Irónica.*) Hombre, un atún no, pero, tal vez, una lubina, un salmonete, no sé… ¡Unas sardinas, por lo menos!

ROBERTO: (*Encajando la ironía con resignación.*) No vamos de pesca; vamos a navegar y a pasar un buen rato, por si no lo sabías…

DIANA: Vaya, y yo que pensaba que era un lobo de mar… Será que de *marino* sólo tiene el nombre…

ROBERTO: Pero, ¿qué te pasa? Creí que te gustaba la idea.

DIANA: Pues, hombre, ¿qué quieres que te diga? Irnos hasta Santa Pola para subir en el dichoso barquito, pues, la verdad…

ROBERTO: Mujer, ¡nos han invitado! No seas así… Lo hacen por gusto.

DIANA: Sí, claro… Por el gusto de presumir de barco…

ROBERTO: ¡Bueno! No estás muy agradable esta mañana…

DIANA: Eso será.

ROBERTO: En fin, yo me marcho ya. Ah, no creo que pueda venir a casa a comer.

DIANA: ¡Qué raro! ¿Y a cenar?

ROBERTO: Sí, hoy sí.

DIANA: ¡Vaya! Menos mal…

ROBERTO: Bueno, adiós. (*Sale.*)

DIANA: Adiós.

(*Desaparece en el interior de la casa.*)

Escena III

(Suena el timbre y aparece de nuevo Diana para abrir. Han pasado muy pocos minutos desde que se adentró en la casa y viste de la misma forma que en la primera escena. Abre y entra Irene.)

IRENE: ¡Hola!

DIANA: Pero, ¿qué haces aquí? ¿No estás en el colegio?

IRENE: Hoy no hay clase. Es el día del Corpus.

DIANA: ¿El Corpus? Y, ¿desde cuándo celebras tú el Corpus?

IRENE: Desde nunca, pero, si el cole está cerrado no voy a ir yo sola a abrirlo, ¿no? Que no sea católica no quiere decir que sea idiota...

DIANA: No, mujer, no... No quería decir eso...

IRENE: *(Con ironía.)* ¿Qué alegría te ha dado verme, eh?

DIANA: ¡No seas así! Es sólo que no te esperaba. Que yo sepa, hoy no es fiesta en ningún sitio...

IRENE: Sólo en la enseñanza. Bueno, y en Toledo...

DIANA: ¡Ah! Y un jueves... ¡Qué raro! ¿No?

IRENE: Es lo que tiene el Corpus, que siempre cae en jueves. Como Jueves Lardero, Jueves Santo...

DIANA: Vale, creo que la idiota soy yo...

IRENE: ¡No, mujer!

DIANA: Bueno, siéntate. Estaba empezando a arreglarme para irme. ¿Quieres tomar algo?

IRENE: Tranquila, que no te entretengo mucho. Es que tenía que comentarte algo importante.

DIANA: ¡Uf, qué miedo! Déjame adivinar: te vas otra vez a la India este verano y tienes que reservar los billetes...

IRENE: ¡No!

DIANA: Ah, ¿no? Pues a Nepal, entonces...

IRENE: ¡Que no, Diana, que no! No vengo a pedirte dinero, mujer, ¡déjalo ya! Te lo pedí sólo una vez, porque tenía que reservar los billetes con mucha antelación y eran carísimos... Tampoco hace falta que me lo eches en cara todavía...

DIANA: Bueno, una vez...

IRENE: ¡Vale! ¿Me vas a dejar explicarme?

DIANA: Está bien. Habla.

IRENE: Vengo a proponerte un plan para este sábado y no puedes decirme que no...

DIANA: (*Interrumpiéndola.*) ¿Este sábado, dices? Pues... No va a poder ser...

IRENE: ¿Qué? ¡Pero si aún no te lo he contado!

DIANA: Ya, Irene, pero yo este sábado ya tengo planes, hija, ¿qué quieres que haga?

IRENE: ¡Pues deshacerlos!

DIANA: (*Riendo.*) ¡Sí, claro! No puedo decirle eso a Roberto ahora. Hemos quedado con unos amigos para navegar en su barco. Mejor otro día.

IRENE: (*Nerviosa.*) ¡No puede ser otro día! El domingo se van, Diana, ¡ya se los llevan!

DIANA: ¡Espera, espera! ¡Un momento! ¿A quiénes se llevan?

IRENE: ¡A los elefantes!

DIANA: (*Tras un silencio. Desconcertada.*) Irene, ¿te estás medicando?

IRENE: ¿Qué?

DIANA: Que si estás tomando algo para la ansiedad o alguna hierba rara de las tuyas. ¡Y dime la verdad!

IRENE: ¡Yo no estoy tomando nada! ¿Estás loca?

DIANA: Ah, vale, que la loca soy yo…

IRENE: ¡Pues sí!

DIANA: Muy bien…

IRENE: No, muy bien no. ¡Siempre estás igual! Parece que sólo sepas dejarme por tonta o por loca. ¿Disfrutas ridiculizándome?

DIANA: ¡Chica, perdona! Te presentas aquí a las nueve de la mañana diciendo chorradas y ¿qué esperas que piense?

IRENE: Pues he venido a estas horas porque acabo de leer en el periódico que los elefantes que había en Pozo

Cañada ya están curados y se van el domingo. Como el pueblo se portó tan bien con ellos, el sábado hay un espectáculo gratuito para que la gente vaya a despedirse. En agradecimiento, vamos...

DIANA: ¿Los elefantes que se accidentaron? ¿Estás hablando del camión aquel que volcó en la autovía?

IRENE: ¡Pues claro!

DIANA: Pero, ¿los elefantes están allí aún? Si eso fue en abril, por lo menos...

IRENE: Claro que están allí. Bueno, todos no, porque murió uno, ¿sabes? ¡Qué pena!... Pero los demás siguen, por supuesto, ¿cómo se iban a ir? Quedaron malheridos los pobres y tenían que recuperarse... Y el pueblo de Pozo Cañada fue muy solidario. ¿No leíste las noticias? Les ofrecieron una nave y un terrenito como albergue; los niños del cole iban a visitarlos... Mi amiga Conchi, que trabaja allí, fue con sus alumnos, por cierto...

DIANA: Sí, ahora que lo dices, recuerdo haber leído algo de aquello... Circularon varias fotos de la carretera cortada y los elefantes por allí en medio; pero, ¿qué pintamos nosotras en todo eso?

IRENE: ¡Pues que tenemos que llevar a papá para que los vea antes de que se marchen!

DIANA: ¡Ah, no! ¡De eso, nada! Ya te he dicho que yo no puedo.

IRENE: ¿Y no puedes decirle a Roberto que vaya él solo?

DIANA: ¡Ni hablar! No me apetece discutir.

IRENE: Pero, Diana, ¡se trata de tu padre!

DIANA: No, perdona, no se trata de mi padre, sino de una de tus ocurrencias sin fuste. Mi padre, como tú dices, no tiene ninguna necesidad de salir de la residencia en su estado para ver a cuatro elefantes en medio de una era.

IRENE: ¿Cómo puedes decir eso? ¡Si a papá le encantan los elefantes! Nunca dejó pasar una sola ocasión de llevarnos a verlos cuando éramos niñas… No había circo con elefantes al que no nos llevase. ¿No te acuerdas? Y lo que le gustaba acercarse con nosotras a las jaulas, cuando se había ido todo el mundo y los animales estaban tranquilos… Nos contaba todas aquellas cosas… No puedo creer que lo hayas olvidado…

DIANA: No lo he olvidado, pero tú misma lo has dicho: "cuando éramos niñas". Ahora no lo somos, ni papá tampoco. Su enfermedad no lo convierte en un niño, Irene, no intentes verlo así porque me molesta mucho. No soporto a la gente que trata a los ancianos y a los enfermos como a niños pequeños, como si de repente hubieran perdido toda la dignidad… ¡Son adultos! Enfermos, pero adultos.

IRENE: Tú no soportas a nadie, Diana. Sólo a ti misma; y, a veces, puede que ni eso…

DIANA: ¡Venga! Ahora págala conmigo…

IRENE: ¡Es verdad! Lo único que he hecho es proponerte un plan en familia: irnos Roberto, tú y yo –y Aurora, si hubiese estado aquí– a recoger a papá, ver los elefantes, comer juntos y devolverlo a la residencia… Pero tú, tan agradable como siempre…

DIANA: ¡Vaya! Ya es la segunda vez que me lo dicen en lo que va de mañana. Voy a empezar a creérmelo…

IRENE: Pues sí, no estaría mal.

DIANA: Irene, en serio, ¿eres consciente del estado en que está papá?

IRENE: ¿A ti qué te parece? Por si también se te ha olvidado, paso bastante más tiempo con él en la residencia que tú.

DIANA: Tú no tienes hijos, ni pareja, y trabajas sólo por las mañanas. Tengo menos tiempo que tú, sencillamente.

IRENE: No es cuestión de tiempo.

DIANA: Yo creo que sí. Pero, bueno, da igual. De todas maneras, ¿crees acaso que papá se va a enterar de algo?

IRENE: ¡Por supuesto que sí!

DIANA: Pues no, Irene, no. Te lo digo yo. Acepta de una vez la enfermedad: sus neuronas se mueren, Irene.

IRENE: ¡Ya lo sé! No soy tan tonta.

DIANA: Pues, si lo sabes, ¿por qué te empeñas en tonterías como esta? Puede que le gustasen los elefantes hace muchos años, pero, por desgracia, ahora no sabe lo que son… Su cerebro…

IRENE: ¡Deja ya las explicaciones! Ya sé que tú eres la farmacéutica aquí, la científica, y yo una simple maestra.

DIANA: Es que parece que no lo entiendes…

IRENE: ¡La que no lo entiende eres tú! ¡No me importa si no sabe lo que es un elefante! Yo lo único que quiero es pasar tiempo con mi padre, ya que con mamá no puedo hacerlo, por desgracia. Enfermo o no, sigue siendo papá. Y hasta el día en que se nos vaya seguirá siendo él. Y todo lo demás, ¿qué importa?

DIANA: Pero, Irene, ¿y el viaje? No sé si merece la pena, en su estado…

IRENE: ¡Merece la pena hacer lo que él hacía contigo cuando eras una niña! Ahora puedes hacer tú lo mismo por él. ¿Cuántas oportunidades crees que va a tener ya de volver a ver un elefante? ¡Seguramente ninguna!

DIANA: Va a dar igual. No se va a dar cuenta…

IRENE: ¡Otra vez con que no se va a dar cuenta! ¿Se da cuenta mamá cuando le dejas flores en su lápida? ¿Has dejado de hacerlo, acaso?

DIANA: ¡Irene, no te pases! ¡Es nuestra madre, por favor!

IRENE: ¡Y él nuestro padre! Llevaste a tu hija a la playa por primera vez a los tres meses, ¿te preguntaste entonces si se iba a acordar del mar? Cuando viajabas con ella de ciudad en ciudad y no era más que un bebé, ¿te importaba si se iba a enterar de algo? ¿Te preguntabas si merecía la pena? Pero, claro, no es lo mismo un bebé que un viejo enfermo.

DIANA: ¡No te consiento que me hables así! ¡Te crees mejor hija por llevártelo al circo? Si tan buena hija eres, ¿por qué no empiezas por pagar tú la residencia?

IRENE: ¡Ya lo hago! Cada mes te doy lo que puedo.

DIANA: ¿Sí? Pues a mí me cobran el precio completo, ¡mira por dónde! No me dejan pagarles lo que pueda...

IRENE: ¡Claro! ¡Siempre acabamos en el mismo punto: el cochino dinero! ¡Qué sería de nosotros sin la señora farmacéutica, su esposo abogado y todo su dinero! Pues, ¿sabes lo que te digo? Que, si no quieres llevarnos el sábado a Pozo Cañada, ya me buscaré la vida. Si hace falta, recogeré a papá y nos iremos en taxi.

DIANA: Será si te dan permiso para sacarlo, ¿no?

IRENE: ¿Qué insinúas? ¡No serás capaz de impedírmelo! ¿Vas a tener el valor de caer tan bajo? No me lo puedo creer. Apenas te reconozco... ¡Me voy de aquí por no seguir viéndote! (*Hace ademán de irse.*)

DIANA: ¡Irene, espera!

IRENE: ¡Déjame!

DIANA: (*Alzando la voz.*) ¡Irene! (*Irene se queda parada en la puerta, justo cuando estaba a punto de salir, y la escucha.*) Irene, por favor, basta ya. Le prometí a mamá que nos mantendríamos unidas; se lo prometí. (*Emocionada.*) Me dijo: "tú eres la mayor y tienes que prometérmelo"; y yo lo hice. Sé que nos cuesta ponernos de acuerdo, que a veces nos decimos cosas desagradables, pero, por favor, hazlo por ella. No soportaría vernos así...

IRENE: Ni papá tampoco.

DIANA: No. (*Silencio.*) ¿Quieres un café?

IRENE: Sabes que no tomo café.

DIANA: Es verdad. ¿Un té, entonces?

IRENE: (*Más distendida.*) Si tú nunca tienes té en casa, Diana...

DIANA: ¡Claro que sí! Lo compré aposta para ti. Eso sí, a lo mejor ha caducado ya...

IRENE: (*Empezando a reír.*) Lo que tienes no es té; es roiboos.

DIANA: Bueno, ¡tómate aunque sea un vaso de leche!

IRENE: ¿Tienes de soja?

DIANA: No, pero, si quieres, te exprimo unos guisantes, que son parecidos...

IRENE: (*Ríe con la ocurrencia.*) Ponme un vaso de agua, anda...

DIANA: ¡Uf! Menos mal... (*Va por un vaso de agua y se lo ofrece. Para ella, coge un vaso pequeño de licor y se sirve de una botella.*)

IRENE: (*Sorprendida.*) ¿Qué haces? ¿Te vas a tomar eso de buena mañana?

DIANA: Sí. No sé si habrá orujo de soja; yo sólo tengo este.

IRENE: ¡No sé cómo puede sentarte bien a estas horas!

DIANA: (*Empieza a beber.*) ¡Uf! ¡De maravilla! Es que llevo una mañana difícil. A ver si con esto mejora... (*Bebe de nuevo.*) Recuerdo que papá también lo hacía. Y mamá le decía lo mismo que tú me has dicho...

IRENE: Sí. En algunas cosas te pareces mucho a él.

> (*Silencio. Se quedan unos segundos pensativas y entonces suena un teléfono móvil.*)

DIANA: ¡Uy! Me deben de estar llamando de la farmacia porque es tardísimo. ¡Tengo que cogerlo!

IRENE: Adelante.

DIANA: (*Descuelga.*) ¿Sí? Dime, Yesi. Sí… Justo me estaba arreglando para ir, ¿qué ocurre? ¿La luz? Eso es porque habrás puesto el aire y ha saltado el diferencial. Os dije que hasta que no viniera el electricista a subir la potencia no lo pusierais… ¿Cómo? ¿Qué hay un electricista allí? Pero si me dijo que vendría el lunes… ¡Ah!, que lo has llamado tú de urgencia… ¡Pero Yesi, por favor! ¿Has llamado a un electricista de urgencias para que suba un diferencial? ¡Ah, que tú no sabías lo que era eso! No me lo puedo creer… ¿Nunca has subido un diferencial? ¡Válgame el cielo! ¿Qué? ¿Qué temías por los medicamentos de la cámara? Yesi, las cámaras tienen baterías de seguridad y por eso valen lo que valen, no son como las cámaras del bar… Sí, sí, ya… Bueno, vale, da igual… Venga, atiéndelo y después hablamos. Vale, hasta luego.

IRENE: ¿Qué pasa?

DIANA: ¿Que qué pasa? Ya lo has oído. ¡Y tú diciendo que no beba a estas horas! ¡Trae el vaso, anda! (*Bebe de nuevo.*) Los jóvenes de hoy en día… ¡Que no sabe lo que es un diferencial! ¡Los plomos de toda la vida! ¿Será posible?

IRENE: Pero, ¿esa chica es farmacéutica?

DIANA: ¿Yesi? ¡Qué va! Si es casi una cría… Ha hecho el ciclo de auxiliar.

IRENE: ¡Pobrecita! ¿Y la dejas sola en la farmacia? Qué responsabilidad, ¿no?

DIANA: Mujer, ¡estoy aquí contigo! Generalmente llego mucho antes… (*Vuelve a sonar el móvil.*) Seguro que es ella otra vez. Disculpa un momento, Irene. (*Contesta al teléfono.*) Dime, Yesi, ¿qué ha pasado? ¿Ves? ¡El diferencial! ¡Te lo he dicho! ¿Qué? ¿De la caja? ¡No, no cojas dinero de la caja que luego nos volvemos locas para cuadrarla! Dile que te deje una nota y yo le hago una transferencia cuando llegue. Total, para lo que ha hecho… ¿Cuánto hay que pagarle? ¿Cuánto? ¡100 euros! Madre mía, Yesi… ¡100 euros por subir un diferencial! No me lo puedo… ¡Sí, sí!, ya me lo imagino, que una vez que salen a una urgencia tienen tarifa mínima, sí, ¡vaya gracia! Bueno mira, tranquila, que yo iré lo antes posible, ¿eh? Venga, adiós.

(*IRENE ríe.*)

DIANA: ¿Te ríes? Pues yo no sé si llorar… ¡100 euros por subir un diferencial! Esta muchacha se ahoga en vaso de agua…

IRENE: Bueno, no seas muy dura con ella tampoco…

DIANA: ¡Pues qué voy a ser dura! Eso tiene… (*Bebe.*) Aunque, también, para lo que le pago a la pobre…

IRENE: ¡Pero, Diana! No hagas eso… Págale bien, mujer, no abuses de la chica…

DIANA: ¿Abusar? Oye, que yo le pago lo que figura en el convenio, como todas las farmacias. Lo que no voy a hacer yo es ser más tonta que nadie, que no está la vida para ir regalando, ¿sabes?

IRENE: Y seguro que en el convenio figura una miseria...

DIANA: Sí... Pero, bueno, como en todos los trabajos... Las cosas están así...

IRENE: Ya, pero no es justo...

DIANA: Justo no hay nada, Irene. (*Bebe*) Nada. (*Silencio.*) ¿De verdad crees que me parezco a papá?

IRENE: Claro.

DIANA: Yo no lo creo. Siempre he pensado que tú te parecías a él y yo a mamá...

IRENE: ¡Qué va! ¿Por qué piensas eso?

DIANA: No sé... Porque mamá era más pragmática, más realista, menos libre –supongo-... Y papá era un soñador, como tú.

IRENE: ¿*Era*? ¿Por qué hablas de él en pasado? La única que está muerta es mamá, Diana...

DIANA: Bueno, mujer, era una forma de hablar... Es...

IRENE: ¿Es qué?

DIANA: ¡Es sólo una palabra! ¡Qué importa eso!

IRENE: ¡Importa mucho!

DIANA: (*Irónica.*) ¿Ah, sí?

IRENE: Sí, Irene, sí… A veces, una palabra lo es todo… Eso nos lo enseñó él.

DIANA: Bueno, ¡no empecemos otra vez, por favor! Otra vez, no… (*Se hace un silencio y ambas quedan pensativas.*)

IRENE: Cuando hablas de los parecidos, pareces haber olvidado quién ha sido siempre su *pequeña soñadora*…

DIANA: ¡Mujer! Es sólo un poema de cuando era niña… ¡Tú ni siquiera habías nacido todavía!

IRENE: Quizá lo viese en tus ojos… Incluso siendo tan pequeña…

DIANA: Eso es una tontería, Irene…

IRENE: No es ninguna tontería. Es un poema precioso. Deberías estar muy orgullosa de que te escribiese algo así con apenas dos años…

DIANA: ¡Y lo estoy! Pero, ¿quién dice lo contrario? Es un poema a una niña y todos los niños sueñan… Así lo entiendo yo y así lo concebiría él, me imagino…

IRENE: Sí, pero tú seguiste soñando mucho después, aunque no quieras acordarte ahora…

DIANA: ¿Por qué dices eso?

IRENE: Porque quisiste seguir sus pasos.

DIANA: ¿Y tú no? Si tú eres la que se decantó por las letras…

IRENE: ¡Yo estudié letras porque odiaba las matemáticas! Pero la que escribías eras tú. Así conociste a Roberto…

DIANA: Bueno, bueno… Y, ¿quién no ha escrito algún poema en su adolescencia? Pero de ahí a seguir los pasos de papá hay un abismo, mujer…

IRENE: Menos del que crees… Sólo hay que ver tus gestos, tu forma de hablar… ¡Eres tú la que más se parece a él, Diana! ¿No te das cuenta?

DIANA: (*Un poco desconcertada, intentando eludir el tema.*) Vale, en cualquier caso, son apreciaciones tuyas… ¿Qué más da eso ahora? Supongo que las dos nos parecemos a ambos… ¡Es lógico! ¿No? (*Silencio.*)

IRENE: Bueno, no quiero entretenerte más, que tendrás que pagarle al electricista… (*Riendo tímidamente.*)

DIANA: Sí, ¡a ver si me van a organizar otro desaguisado para rematar la mañana! Voy a terminar de arreglarme.

IRENE: ¿Cuento contigo para el sábado?

DIANA: ¡Uf! No lo sé, Irene. Tengo que hablar con Roberto esta noche. Yo te diré algo luego.

IRENE: Vale. Hasta luego, Diana. (*Se va triste.*)

DIANA: Hasta luego, Irene.

(*Se queda pensativa y sola un instante, mirando hacia la puerta. Vuelve a adentrarse en la casa.*)

Escena IV

(Un aula de instituto a finales de los 80. Rafael se dirige a sus alumnos preuniversitarios. Diana y Roberto están en escena, observando desde fuera y en silencio, desde sus recuerdos, el monólogo de Rafael.)

RAFAEL: Sé que algunos de vosotros queréis ser poetas; así que os daré un consejo: una vez que hayáis compuesto vuestros primeros poemas, dejad de escribir por un tiempo, un tiempo largo, para pensar. Si, cuando hayan pasado meses –años incluso– seguís sintiendo la necesidad de escribir, será porque tenéis algo que decir y el impulso de dar con la forma de hacerlo. Entonces, merecerá la pena el esfuerzo. Si eso no ocurre, me temo que habrá sido sólo una inclinación pasajera que dejará paso a otras aficiones; y tampoco pasará nada, por supuesto.

(Pausa.)

¡Ah!, y una cosa más y quizá más importante aún: Nunca tengáis prisa. Cada día vivimos más deprisa; todo ha de hacerse con celeridad, ¡aquí y ahora! Y eso no puede ser. Cada proceso lleva su tiempo. Pensad, por ejemplo, en aquellos hombres que levantaron las catedrales antiguas: entraron de lleno en un proceso que les llevaría años –quizá su vida entera– y que probablemente nunca verían terminado; pero no les importaba. Lo verdaderamente importante era su trabajo, la obra que quedaría en pie tras su paso por el mundo.

(Pausa.)

Así que, sed pacientes; porque hay cosas que no cambian tan fácilmente. ¿O pensáis acaso que el tiempo de vuestra juventud es muy distinto al de la mía? Bueno, en principio podría parecer que sí, ¿verdad? Vivimos en democracia y no en una dictadura; la posguerra y el hambre quedaron atrás y la vida es mucho más cómoda ahora, ¿no? (*Pausa.*) La gente del campo suele decir que, para matar a una serpiente, hay que cortarle la cabeza. ¿Creéis que le hemos cortado la cabeza a la serpiente? Tened por seguro que sigue viva, aletargada, pero viva; y que tarde o temprano acabará mordiéndonos de nuevo.

(*Pausa.*)

Pero, además, debéis preguntaros también si, al margen de estas mejoras –fundamentales, por supuesto–, el mundo funciona de manera distinta. No seáis demasiado ilusos ni os dejéis engañar: eso de que ya no hay nada por lo que luchar es mentira. Os regalarán los oídos con cantos de sirena y habréis de ser fuertes para no lanzaros tras ellos. En cuanto consigáis un trabajo querrán que os sintáis orgullosos de pertenecer a eso que llaman *clase media*... ¿Y qué es eso, si puede saberse? ¿Hay algún baremo para establecer a qué clase pertenece cada uno? ¿Se es mucho menos vulnerable que en la clase baja? No, por supuesto que no. Es sólo una paparrucha para romper con la conciencia de clase. Saben tocar la fibra sensible, no os creáis... A nadie le gusta ser pobre ni estar en lo más bajo. Sólo hay que crear un aliciente nuevo, la ilusión de ser otra cosa: ni pobre, ni trabajador, ni dependiente del dinero ajeno... ¡No! ¡Clase media! Y, ¡eureka!, ya tenemos algo de lo que sentirnos orgullosos y, sobre todo, algo a lo que aspirar... En el propio lenguaje está la trampa para desactivarnos, para sacarnos del tablero y dejarnos recostados en la comodidad...

(*Pausa.*)

Así que, si vais a ser poetas, no olvidéis esto. Vosotros tendréis que velar por las palabras. Frente a discursos vacíos, deberéis oponer el verdadero lenguaje. El mundo se compone de relatos; de memoria y relato; y vosotros debéis construir el vuestro. No lo olvidéis.

(*Fuera luces.*)

Escena V

(*Diana y Roberto. Una habitación de la casa. Entra primero Roberto, alterado. Diana le sigue.*)

ROBERTO: ¡No me lo puedo creer! ¿Qué es esto, la primera excusa que se te ha presentado? Estaba claro que no tenías ninguna gana de ir... ¡Pues no haberte comprometido!

DIANA: Yo no me comprometí con nadie.

ROBERTO: ¡Se lo dijimos hace un mes, Diana! Las cosas no se hacen así.

DIANA: Yo no sabía nada de esto. A Irene se le ha ocurrido esta misma mañana.

ROBERTO: ¡Irene y sus ocurrencias! Y tú, ¿tienes que hacerle caso a la chalada de tu hermana?

DIANA: ¡Mi hermana no es ninguna chalada! ¡No hables así de ella!

ROBERTO: ¿Yo? ¡Pero si tú misma lo dices!

DIANA: Bueno, pero no te permito que lo digas tú.

ROBERTO: ¡Tu hermana nunca ha tenido los pies en el suelo, Diana! No hay más que ver cómo organiza su vida, sus cambios de ánimo, sus viajes absurdos…

DIANA: Puede organizar su vida como quiera, Roberto. No existen las vidas perfectas.

ROBERTO: Esta es la típica estupidez que sólo se le podría ocurrir a ella. Ahora bien, que peor eres tú por seguirle el juego…

DIANA: Ya le he dicho que era una tontería, pero está empeñada en ir y, sobre todo, hay que pensar en mi padre. Al menos, lleva razón en que sería una oportunidad de pasar tiempo con él…

ROBERTO: Tu pobre padre no se va a enterar de nada. Sólo vais a conseguir que se fatigue…

DIANA: Bueno, tampoco podemos saber hasta qué punto se entera o no se entera. A lo mejor percibe algo… Hay muchos aspectos del cerebro humano que aún desconocemos… ¿Y si todavía recuerda algo? No sé, estoy hecha un lío… ¿Y si nos estuviéramos precipitando a la hora de desahuciarlo?

ROBERTO: (*Suspira.*) ¡Ay! No me lo puedo creer… (*Guarda silencio durante unos segundos.*) ¿De dónde vienen esos elefantes?

DIANA: No lo sé. Son de un circo ruso, creo…

ROBERTO: Ruso, ¿verdad? Pero, serán de alguna otra parte, ¿no? Porque en Rusia no hay elefantes, que yo sepa… ¡De algún sitio vendrán!

DIANA: ¡Ay! ¡Qué sé yo! Vendrán de África, o de algún zoológico… ¡Qué importa eso!

ROBERTO: De África… De Rusia… ¡Tiene gracia! Cruzar más de medio mundo durante… ¿cuántos años? Porque los elefantes viven bastante… ¡Mira que habrán hecho kilómetros y kilómetros los dichosos elefantes y tienen que volcar precisamente en Albacete! ¡Tiene que venir el camión del circo ruso a volcar aquí, al culo del mundo, para joderme a mí!

DIANA: No hagas un melodrama. Puedes irte tú solo a subir en el barco.

ROBERTO: ¿Yo solo? ¡Claro! Después de decirles mil veces que vamos los dos, aparezco yo solo y pensarán que tú no quieres ir…

DIANA: Bueno, pues si piensan eso tampoco se equivocarían tanto… No creas que es el plan del año subirme en un barco con ese par de cansinos…

ROBERTO: No son un par de cansinos, ¡son nuestros amigos! Cualquiera que te oiga…

DIANA: ¿Amigos? En todo caso será amigo tuyo; y ni siquiera eso: es un cliente, Roberto, un cliente que, cuando le convenga, se buscará a otro abogado y se acabó. Eso no tiene nada que ver con la amistad.

ROBERTO: ¿También me vas a dar lecciones de amistad? ¡Ahora resulta que me vas a decir tú quién es mi amigo y quién no! ¡Lo que faltaba!

DIANA: No, yo no pretendo darte lecciones de nada, pero es la verdad. Ese hombre no es más que un cateto que se forró con la burbuja inmobiliaria sin saber apenas leer ni escribir, como tantos otros. Y yo, si fuera tú, llevaría bastante cuidado con los negocios que le administras, por si acaba metiéndote en un lío, que todos esos chanchullos de la construcción acaban en el mismo sitio...

ROBERTO: ¡Bastante sabrás tú de los negocios de Marino!

DIANA: ¡No! ¡Ni de que dejase a su mujer y a sus hijas para irse con una fulana tampoco sé nada!

ROBERTO: (*Enfadado.*) ¡Bueno, basta ya! ¿Cómo se te ocurre insultar a Olga de esa manera? ¿Es que por ser guapa y rusa tiene que ser una fulana? ¿Te estás oyendo? ¡Vergüenza ajena me está dando!

DIANA: ¡Que sea rusa o china da lo mismo! ¡Que se llevan 30 años, Roberto! Además, ¿qué iba a ver la rusa en él si no sabe ni hablar? ¡Ay, si no fuera por el dinero! ¿Qué iba a ser si no?

ROBERTO: Se llevan 24.

DIANA: (*Sarcástica.*) ¡Ah, bueno! ¿Y su exmujer? Mira cómo no ha hecho lo mismo. Seguro que está en su casa con sus hijas...

ROBERTO: Sí, con sus hijas y con su nuevo novio.

DIANA: ¡Ah! Pero me apuesto lo que quieras a que no tiene 24 años menos.

ROBERTO: No, es verdad. Sólo se llevan 17...

DIANA: ¿Pues sabes qué? ¡Que hace muy bien!

ROBERTO: Pero, ¿quieres dejarlo ya? ¡No tienes ni idea de lo que estás diciendo! Además, deberías saber a estas alturas que, gracias a clientes como él, vivimos como vivimos; y, que yo sepa, cuando entra el dinero en casa no te oigo tantas lecciones...

DIANA: ¡Oye, que yo también trabajo, eh!

ROBERTO: ¡Ah, claro! La señora tiene su farmacia, sí... ¿Y gracias a quién? ¿Ya no te acuerdas?

DIANA: ¿Cómo no, si tú estás aquí para recordármelo? ¡Anda que no le vas a sacar rédito al cochino dinero de la farmacia! ¡Le devolvimos hasta el último céntimo a tu familia! ¿Vas a estar echándomelo en cara toda la vida?

ROBERTO: ¡No se trata de dinero! ¡Se trata de ser agradecida! ¡De acordarse bien de las cosas antes de dar lecciones a los demás!

DIANA: (*Con sarcasmo.*) ¿Agradecida? ¿Qué tengo que hacer, convertirme en vuestra sierva porque me hicisteis un préstamo?

ROBERTO: Vale, de verdad, ya está bien. No tengo ni ganas ni tiempo de seguir discutiendo.

DIANA: No, claro, cómo ibas a tener tiempo tú... Ya ni para discutir... Mira, a lo mejor deberías haberte casado con una millonaria, si tanto te marcó lo del préstamo...

ROBERTO: No hacía falta que fuera millonaria, con que fuese un poco más agradable hubiera sido suficiente.

DIANA: ¿De verdad? Pues entonces Lourdes debía de ser muy agradable, ¿no? Mucho más que yo…

ROBERTO: (*Paralizado.*) ¿Qué dices?

DIANA: ¡Vamos! No te hagas el tonto ahora.

ROBERTO: ¡No sabes lo que dices! De verdad, que empiezo a pensar que estás loca… ¿Qué estás insinuando sobre Lourdes?

DIANA: No tengo que insinuarte nada, Roberto. Cuando alguien pasa más tiempo con otra persona que con su mujer, cuando todo lo que dice esa persona es magnífico y cuando todas las gracias y atenciones son para ella, no hay que insinuar nada. Pero, ¡déjalo ya! Es agua pasada… Confieso que sufrí bastante en su día, pero ahora me da igual… Exactamente igual, te lo aseguro. Lo único que me importaba de verdad –entonces y ahora– es que Aurora no se diera cuenta.

ROBERTO: (*Muy irritado.*) ¡No metas a Aurora en tus locuras! ¡Estás paranoica, Diana! ¡Todo eso es mentira! ¿Quieres que te cuente la verdad?

DIANA: No.

ROBERTO: ¡Pues yo sí quiero!

DIANA: ¡Yo no!

ROBERTO: (*Alterado y elevando la voz.*) ¡Tú has sacado a relucir toda esta bazofia, así que escúchame! ¿Sabes por qué pasaba tiempo con Lourdes? ¿Sabes por qué me gustaba hablar con ella? ¡Porque era la única persona que me escuchaba! Y yo la escuchaba a ella. ¡Por eso! ¡Porque, además de compañeros de trabajo, éramos amigos; y nos apoyábamos! Y te voy a decir otra cosa: ¿sabes por qué se fue a Barcelona?

DIANA: Porque conocería a otro que le gustase más...

ROBERTO: No, Diana, no, ¡a otra! ¡A otra! Eso es lo que ni tú ni nadie quisisteis ver...

DIANA: Bueno, vale... ¡Me da igual!

ROBERTO: ¡Ese es el problema! ¡A ti todo te da igual! ¡Te encierras en ti misma y todo el mundo te da igual! Te crees por encima de los que te rodean. Siempre con tu ironía y tu sarcasmo... Se te da muy bien quejarte; pero, ¿te has preguntado cuánto te preocupas tú por los demás?

DIANA: ¡Madre mía! Si no me preocupara por los demás...

ROBERTO: ¿Sí? ¿Cuándo?

DIANA: ¡Llevo media vida bajo tu sombra! ¿No te das cuenta? Todo gira en torno a ti, a tu trabajo, a tu familia, a tus amigos... ¿Dónde me quedé yo? ¿Y mi familia? Ahora resulta que mi hermana es una loca, yo soy paranoica, mi madre está muerta y mi padre es un vegetal, ¿no?

ROBERTO: ¡Yo no he dicho eso!

DIANA: ¡Acabas de decirlo!

ROBERTO: ¡De tus padres no he dicho nada!

DIANA: ¡Faltaría más! Sólo faltaba que también te metieras con mis padres... Mis padres... No pudieron prestarme el dinero para la farmacia, como hicieron los tuyos, es verdad... Pero bien que venías a mi casa cuando éramos jóvenes a hablar con mi padre...

ROBERTO: ¿Qué tiene eso que ver ahora?

DIANA: ¡Tiene que ahora eres tú el que no se acuerda de las cosas! Ya no te acuerdas de cuando querías dejar la carrera de Derecho para ser poeta...

ROBERTO: Era un crío y decía muchas tonterías... ¿Adónde quieres llegar con eso ahora?

DIANA: ¡Y yo otra cría! ¡Y queríamos lo mismo! Y nos juntamos gracias a mi padre... Gracias al que ahora no se entera de nada y antes tanto admirabas...

ROBERTO: Oye, yo nunca he negado que tu padre...

DIANA: Déjalo, Roberto, déjalo... No merece la pena.

ROBERTO: Tampoco te ha ido mal así, ¿no? ¿Ahora también vas a renegar de tu vida?

DIANA: (*Hablando despacio.*) No. No me ha ido mal. Llevas razón. No me ha ido mal.

(*Queda pensativa y en silencio. Fuera luces.*)

Escena VI

(Entra Rafael. Diana e Irene le flanquean, pero a unos pasos de distancia. Lo miran en silencio y desde sus recuerdos de la infancia mientras él, joven y en otra parte del tiempo, habla a sus dos niñas.)

RAFAEL: ¡Vamos niñas! ¡Mirad! ¡Ahí está la jaula de los elefantes! ¡Venid, no tengáis miedo! Son muy dóciles... ¿Veis? ¡Qué preciosos! ¿Verdad? ¡Nunca habíais visto unos animales tan nobles! ¡Ni tan enormes! *(Pausa.)* ¿Sabíais que los elefantes tienen una memoria sorprendente? Son capaces de recordar sus emociones para siempre. Los griegos los consideraban las bestias más ingeniosas y más inteligentes del planeta. ¡Fijaos! ¡Por encima incluso de los perros! Además, son capaces de jugar y gastar bromas a los humanos. A más de un visitante de un zoo le han quitado el sombrero para escondérselo... Así que, tened cuidado con vuestras diademas, hijas; no os acerquéis mucho, por si acaso...

(Pausa.)

¿Os gustan estos bichos? Seguro que no tanto como a vuestro padre... ¿Os preguntáis por qué me gustan tanto? ¿Por qué nos acercamos a la jaula en vez de irnos, como todo el mundo? Bueno, todo tiene su explicación... A mí me gustaban desde niño, pero no pude verlos en vivo hasta los veinte años.

(Pausa. Habla despacio, con una ligera tristeza.)

Mi padre sabía que me gustaban. Pero, claro, había que esperar a que viniera a la ciudad un circo con elefantes… ¡Y no era fácil en aquellos años, os lo aseguro! (*Pausa.*) Una vez vino uno y mi padre me prometió que iríamos. Yo me puse tan contento, claro… Acababa de cumplir diez años. Justo el día de la función, por la mañana, fue cuando vinieron a buscarlo. Lo detuvieron y no lo volví a ver. En fin, esa historia ya la conocéis. Pero, tened en cuenta una cosa: Debéis recordarlo, como los elefantes. Hay emociones que no debéis olvidar nunca, hijas. Quien olvida quién es y de dónde viene nunca encontrará su camino.

(*Pausa. Mira absorto hacia donde se supone que están los elefantes.*)

Quizá por eso ellos nunca se pierden. ¿Sabéis?, cuando son muy viejos y presienten que ya no les queda tiempo, se dirigen a un mismo sitio para morir allí. ¿Alguien se lo ha enseñado? No, claro que no. Es el camino de los elefantes.

(*Silencio.*)

(*Rafael se sienta en una silla de ruedas y se coloca un sombrero que le cubre el rostro e impide ver sus facciones actuales, las del anciano enfermo. Diana e Irene entran en acción: se acercan despacio y comienzan a empujar la silla hasta el lado opuesto del escenario. Ahora recorren el camino inverso; ahora son ellas quienes llevan a su padre. Se detienen antes de salir y permanecen inmóviles. Se escucha barritar a un elefante.*)

TELÓN

La entrevista
(Drama en dos actos)

La entrevista
de
Antonio Rodríguez Jiménez

fue estrenada en el EA! Teatro de Albacete
los días 26 y 27 de mayo de 2018.

Los actores y actrices de ese estreno fueron:

Yolanda Ibáñez como Eva
Manuel Lozano como Pruden
Braulio Moreno como Cali
Laura Ramos como Tomi

Dirección a cargo de Engracia Cruz

Producción, sonido, iluminación,
escenografía y vestuario
de
EA! Teatro

III MUESTRA DE TEATRO
DE AUTORES LOCALES
mayo 2018

EA! teatro

LA ENTREVISTA
de Antonio Rodríguez

SÁBADO 26 (21h) Y DOMINGO 27 (19h)

DIRECCIÓN: Engracia Cruz

REPARTO: Braulio Moreno, Yolanda Ibáñez,
Manuel Lozano y Laura Ramos

CÍA. TALLER DE TEATRO DE EA! TEATRO

8 € COLOQUIO

festival
AUTORES_AB

UNA INICIATIVA DE EA! TEATRO   COLABORAN: DIPUTACION DE ALBACETE

Cartel del estreno
© Ea! Teatro

PERSONAJES

Eva

Pruden

Cali

Tomi

SINOPSIS

Eva y Pruden son dos jóvenes cualificados que pretenden formar una familia y estabilizarse en sus carreras profesionales. Sin embargo, la realidad del país en el que viven no les brinda muchas opciones. La entrevista es una breve pieza que habla del fracaso y de promesas rotas; del vacío y de la mentira generalizada; pero también del derecho de las personas a buscar su lugar en el mundo.

ACTO PRIMERO

Escena I

(Una oficina decorada de forma moderna. En letras visibles, el nombre de la empresa: Rentalia Housing. Hay una chica, Tomi, sentada en una mesa trabajando; viste de manera juvenil. Suena una música tecno, similar al hilo musical de las tiendas de ropa low cost *para adolescentes, con un volumen demasiado elevado para ser una oficina. Se ve una puerta. Suena el timbre varias veces hasta que la chica se percata y se levanta a abrir. Aparece frente a ella PRUDEN, un hombre de entre 30 y 35 años, viste de manera formal y lleva un portafolios bajo el brazo.)*

PRUDEN: Buenos días.

TOMI: Buenos días. Adelante.

PRUDEN: Gracias.

TOMI: ¿En qué puedo ayudarte?

PRUDEN: Tenía una cita con el gerente.

> *(El volumen de la música dificulta la comunicación.)*

TOMI: ¿Cómo dices?

PRUDEN: ¡Que tengo una cita con el gerente!

> *(La música cesa de forma súbita.)*

TOMI: ¡Vaya! Otra vez el hilo musical... No hay manera de que funcione... Y ya han venido los técnicos tres veces; pero nada... (*Se vuelve de nuevo hacia PRU-DEN.*) Perdona, ¿me has dicho que buscabas a quién?

PRUDEN: Al gerente, sí.

TOMI: Pero... Aquí no hay ningún gerente. Si me dices el nombre de la persona que buscas, quizá...

PRUDEN: (*Un poco azorado.*) Bueno, yo había quedado aquí con el señor... Un momento (*busca una tarjeta en el bolsillo, la encuentra y lee*). ¡Ah, sí, aquí está! El señor Mateo Calero.

TOMI: ¡Cali! Claro, pero es que Cali no es gerente, es el *Project Manager* (*pronuncia con énfasis el cargo en inglés.*) Por eso antes no supe decirte...

PRUDEN: ¡Ah!, *Project Manager*... Claro, perdona, yo tampoco sabía... En fin, tenemos un amigo en común, Ricardo, y bueno, él nos puso en contacto y quedamos en que vendría hoy.

TOMI: Sí, tiene que estar al caer. ¿Te sientas y lo esperas? Yo soy Tomi. ¿Y tú eras?

PRUDEN: Ah, sí, disculpa, no te lo he dicho. Yo soy Prudencio. Prudencio Arjona. Encantado.

TOMI: Encantada, Fidencio. Pues, nada, siéntate y...

PRUDEN: (*Interrumpiéndola*) Prudencio, Prudencio. Fidencio es un vino (*ríe.*) Un vino de Tomelloso... (*Risa forzada.*)

TOMI: (*No ríe con la gracia.*) Ah, sí, perdona. Bueno, pues nada, te sientas aquí, ¿vale?, y Cali vendrá enseguida.

Yo voy a ver si llamo otra vez a los del hilo musical, porque no hay manera…

(*Se abre la puerta y entra Cali. Es un hombre de unos 40 años, de complexión atlética. Excesivamente bronceado. Viste de forma elegante pero demasiado juvenil, al igual que su peinado.*)

CALI: Hola. ¿Otra vez el hilo musical?

TOMI: Sí, hijo… Aquí ando, buscando otra vez el número del servicio técnico… ¡Me van a oír!

CALI: ¡Vaya historia! Toda la semana igual…

TOMI: ¡Ah, Cali! Este chico tenía una cita contigo. Se llama Fidencio.

PRUDEN: (*Se ha levantado y mira a Cali esperando su saludo.*) Prudencio, Prudencio. Pruden, vamos…

CALI: Ah, hola. ¿Hemos hablado por teléfono, verdad?

PRUDEN: Sí, ayer. Encantado (*se estrechan la mano.*) Como te dije, soy amigo de Ricardo. Ricardo Carmona, del gimnasio…

CALI: Ricardo… Ricardo… ¡Ah! ¡Richi! Claro, Richi… ¡Qué artista, Richi! Sí, sí, me ha hablado de ti. Bueno, Pruden, pues vamos a sentarnos y hablamos de lo tuyo, ¿vale?

PRUDEN: Claro. Pues verás, yo…

TOMI: Los del hilo musical no cogen el teléfono. ¡Vaya tela! Ya que no puedo solucionar esto, aprovecho y salgo al *lunch*, ¿vale, Cali? Os dejo. (*Coge su bolso y se dispone a salir.*)

CALI: De acuerdo, Tomi, ve tranquila. ¡Chao!

TOMI: ¡Chao, Cali! (*Desde la puerta.*) ¡Adiós, Fidencio!

PRUDEN: (*Con resignación.*) Adiós.

(*Sale Tomi.*)

Escena II

CALI: Bueno, Pruden. Así que quieres trabajar con nosotros, ¿no?

PRUDEN: (*Algo nervioso.*) Sí, bueno, la verdad es que estoy buscando trabajo y me dijo Ricardo que necesitabais comerciales y, bueno, aunque no es exactamente mi campo, pues…

CALI: (*Interrumpiéndolo, fingiendo sorpresa.*) ¿Comerciales, te dijo?

PRUDEN: Sí, comerciales…

CALI: Bueno, mira, déjame explicarte:

(*Mientras habla aspira con fuerza por la nariz, como si estuviera resfriado; un tic nervioso que mantiene de aquí en adelante.*)

Rentalia Housing es un nuevo formato de empresa, ¿vale? No es el típico negocio inmobiliario. Aquí no hay directores al uso, ni comerciales, es un concepto completamente nuevo. Porque, vamos a ver, Pruden, con franqueza, ¿qué es para ti un comercial?

PRUDEN: ¿Un comercial?

CALI: Sí, un comercial, sí. Vamos, dilo claro.

PRUDEN: (*Dubitativo.*) Pues un comercial es un agente que, dentro de una empresa, desempeña...

CALI: (*Sin dejarle proseguir.*) ¡Un cansino! Pruden, sí, ¡un cansino! (*Ríe a carcajadas de su propia ocurrencia.*) Es el teleoperador que te llama a la hora de la siesta, o el tío trajeado que se te presenta en casa a las 9 a revisar la factura del gas. Vamos, lo que viene siendo un cansino, ¡y eso lo sabemos todos! ¿O no?

PRUDEN: (*Riendo tímidamente, algo más relajado.*) Sí, la verdad es que sí.

CALI: Pues en Rentalia Housing no queremos eso, Pruden. Se acabó. Todas esas estrategias comerciales machaconas e inútiles son parte del pasado. Nosotros trabajamos de otra forma. Nosotros no alquilamos casas.

Fotografía de la representación con dos de sus personajes: Pruden y Cali

PRUDEN: (*Sorprendido.*) Ah, ¿no?

CALI: ¡No! Nosotros hacemos *housing*, que es un *total servi-ce*. Le proporcionamos al cliente una solución habita-cional integral acorde a sus necesidades, para que no tenga que preocuparse de nada más. ¿Lo entiendes?

PRUDEN: A ver… No sé… Le ayudáis al cliente a encon-trar un piso que le venga bien, ¿me equivoco?

CALI: Sí y no, Pruden, sí y no… Pero lo vas entendiendo. ¡Así me gusta! (*Habla con efusividad, con una fa-miliaridad excesiva.*) En realidad, no le ayudamos a buscar un piso; le proporcionamos la solución óptima de habitabilidad. Te explico: El cliente en-tra en nuestra web y deja sus datos personales y la información de lo que está buscando, ya sabes: tipo de vivienda, metros, habitaciones, zona, in-tervalo de precios, todo eso… Después, un *per-sonal assistant* de la empresa –que podrías ser tú mismo– accede al programa, vuelca los datos en nuestro buscador y llama al cliente para propo-nerle las opciones que le ha asignado el ordenador. ¡Así de sencillo, Pruden!

PRUDEN: Y entonces, eso se llama *jausin*…

CALI: Bueno, yo lo he simplificado mucho, pero hay un tejido muy potente detrás: el desarrollo de un *sof-tware* –porque nosotros hemos desarrollado nuestro propio *software*, ¿sabes?, y eso también nos distingue del resto–, una idea de negocio, un equipo humano bien estructurado… En fin, y muchas más cosas que no se resumen así, en un momento. Además de un grupo fuerte detrás que aporta solvencia al proyecto, claro. Sin esto (*hace un gesto con la mano representando al dinero.*) no hay nada, ya sabes (*ríe con energía*).

PRUDEN: Claro. ¿Una empresa extranjera?

CALI: No. La empresa es española, pero depende de inversores extranjeros. Ingleses y americanos, creo… ¡Como todo!

PRUDEN: Ya me parecía a mí… Entre el nombre de la empresa y el de tu compañera, me lo imaginaba… ¿Es inglesa también?

CALI: ¿Inglesa? ¿Quién?

PRUDEN: Tu compañera.

CALI: ¿Tomi? (*Ríe estrepitosamente.*) Eres un cachondo, Pruden. ¡Si es de Tomelloso! ¿Qué le has visto de inglesa a Tomi? ¡Qué tío! (*Sigue riendo.*).

PRUDEN: Vaya, ahora entiendo la cara que ha puesto con lo del vino. He dado en el clavo, vamos…

CALI: ¡Tomi viene de Tomasa, hombre! ¡Tomasa!

PRUDEN: (*Un poco avergonzado.*) No, yo… Por el nombre de Tomi, no sé… Me sonaba a inglés, ya ves…

CALI: Pero no le digas que te lo he dicho, ¿eh?, que me mata… (*Continúa riendo.*) ¡Ay!, qué bueno…

PRUDEN: Tranquilo.

CALI: Ay, ay, ay… Este Pruden…

PRUDEN: Oye, volviendo a lo de los inversores… ¿No trabajaréis con fondos de inversión de esos…? Quiero decir de esos que compran las deudas de bancos... No sé qué nombre técnico tienen realmente... Es lo que la gente llama *fondos buitre.*

CALI: Eso es cosa de la tele, Pruden. En cuanto los informativos hablan de algún tema, se convierte en *trending topic* y, ¡hala!, nos creemos que todo el monte es orégano. Yo el primero, ¡eh!, no te lo tomes a mal... (*Su tic de aspirar por la nariz se acentúa.*) Nosotros somos currantes, Pruden, ¿qué sabemos nosotros de todo eso? Nadie lo sabe. Realmente, ¿qué es eso de los *fondos buitre?* Porque todo es relativo, ¿eh? Depende de cómo lo mires... Aquí hay unos señores que invierten un dinero para ganar algo a cambio. Lógico, ¿no? Así son los negocios. Si no lo aprovechas tú, otro lo hará. Nosotros no somos más que unos currantes, Pruden, no le des más vueltas.

PRUDEN: Hombre, al fin y al cabo, es una manera de llamar a las cosas; quizá poco precisa, es cierto, pero la realidad está ahí: Hay grupos de inversión que vieron una oportunidad de negocio aprovechándose de los embargos, de viviendas de protección oficial recalificadas, desahucios...

CALI: (*Lo interrumpe.*) ¡Desahucios, desahucios! Siempre se habla de lo mismo, pero yo no conozco a nadie que se haya quedado en la calle, Pruden. Es verdad que en los medios dan noticia de alguno de vez en cuando, pero vete tú a saber por qué y cómo... Igual es una sentencia de hace diez años y se ejecuta ahora; o son personas con unas circunstancias muy especiales; o –¡quién sabe!– igual hasta son estafadores, Pruden... (*Pruden hace un gesto de desacuerdo.*) Sí,

Pruden, sí, estafadores, que también los hay, ¡eh! Ya te digo que hay que conocer bien las circunstancias en cada caso, ¿sabes? ¡Si todo fuera tan sencillo como pretende el de la coleta[1]! (*Ríe de forma burlesca.*)

PRUDEN: ¿Qué tiene que ver el de la coleta en todo esto? Bueno, claro, como tiene la culpa de todo... (*Con serena ironía.*) ¿Te das cuenta, Cali, de que hablas como un miembro del gobierno? Le estás ahorrando trabajo al portavoz. (*Ríe, conciliador.*)

CALI: (*Ríe también.*) ¡Calla, calla! ¡Yo paso de los políticos! ¡Si todos son iguales! Hablan mucho y luego hacen lo mismo...

PRUDEN: Bueno, lo mismo, lo mismo, no. Parece que el de la coleta es mucho peor, ¿no?

CALI: (*Encajando la ironía.*) Bueno, bueno, no merece la pena hablar más de los políticos, que seguro que luego se toman unas cañas todos juntos en el bar del Congreso. ¡Y mientras, nosotros aquí, discutiendo por ellos!

PRUDEN: No hemos discutido. Pero llevas razón: este no es el motivo de mi visita, desde luego.

CALI: Pues sí, volvamos a lo nuestro, anda. ¿Cuántos años tienes, Pruden?

PRUDEN: 33

CALI: ¿33? Bueno, un poco mayor, quizá...

PRUDEN: (*Extrañado.*) ¿Mayor?

---

[1]   Referencia al apodo con el que se conocía al político Pablo Iglesias.

CALI: A ver, mayor no eres. ¡Si yo tengo casi diez más que tú! (*Ríe.*) Quiero decir que todos nuestros *personal assistants* son bastante más jóvenes... 22, 28 como mucho... Pero bueno, no hay problema, de verdad. No hay problema. ¡Estás hecho un chaval, qué carajo! Y tienes buena planta, ¡eh!, que también es importante. Eso sí, de aspecto, un poco serio. El *look* de la empresa es algo más *casual*, más juvenil...

PRUDEN: Sí, me he dado cuenta... Además, llamándome Prudencio, imagínate... Igual sería mejor Pru. Más cortito. O mejor aún: sólo Pi, en inglés. Pi. Como Penélope cuando llegó a Hollywood.

CALI: (*Ríe divertido con la ocurrencia.*) ¡Qué bueno! ¡Pi! Menudo artista estás hecho tú... Y parecías serio... Me gusta, me gusta. El sentido del humor es un signo de inteligencia; y fundamental para el trabajo en equipo. Con un cambio de *look* podrías ser parte del *team*.

PRUDEN: ¿Del *team*? ¿Del *dream team*?

CALI: (*Vuelve a reír de forma exagerada.*) El *dream team*... Este tío es un cachondo, ya te lo digo yo... (*Pausa.*) Bueno, eso sí, existe un periodo de formación, como en cualquier otra empresa, y un filtro de selección, claro, que depende de Central.

PRUDEN: Sí, claro. Entiendo.

CALI: ¿A qué te dedicabas antes, Pruden?

PRUDEN: Investigaba.

CALI: ¿No serás detective? ¡Como los de la serie CSI! ¡Qué puntazo! (*Se ríe él mismo de su broma.*)

PRUDEN: ¡No! Mejor me hubiese ido… Soy biólogo. Trabajaba como becario en la Universidad, pero el proyecto se quedó sin financiación y me echaron. Entonces, oposité a Secundaria, aprobé sin plaza y entré en la lista de interinos; pero, claro, ahora, con los recortes en el sector público, es mucho más difícil que te llamen para trabajar; así que, necesito otra cosa.

CALI: Normal… Si es que está todo muy mal, muy mal… Pero, claro, con tanto derroche como ha habido estos años pasados, pues ahora no hay dinero… ¡Y a ver qué vamos a hacer! ¡Si no hay dinero! Menuda ruina nos buscó *Zapatones*[2]…

PRUDEN: (*Sarcástico.*) ¿"Zapatones"? Pero, ¿el culpable de todo no era el de la coleta?

CALI: ¡Los dos tienen lo suyo! ¡Los dos!

PRUDEN: Ya… Lo suponía…

CALI: Bueno, Pruden, ¿has traído un currículum? Si me lo das lo escaneo y lo mando a la Central.

PRUDEN: Claro. (*Busca en su portafolios, saca un documento y se lo da.*) Aquí tienes.

CALI: ¡Perfecto! Pues nada…

PRUDEN: ¡Ah!, por cierto, se me olvidaba…

CALI: Dime.

PRUDEN: Quería preguntarte por las condiciones.

---

[2]   Referencia al expresidente del gobierno (2004 / 2011) José Luis Rodríguez Zapatero.

CALI: ¡Claro! ¡Las condiciones! ¡Fíjate! A mí también se me olvidaba… Pues te explico: trabajarías en nuestra oficina del polígono –aquí como ves, sólo está el *management*. Se empieza a trabajar a las ocho. Llegas, empiezas a revisar los formularios que se te hayan asignado, buscas opciones para los clientes y los llamas para concertar las visitas a las viviendas.

PRUDEN: Y las visitas, ¿cuándo se hacen?

CALI: Depende. Nos ajustamos a la disponibilidad del cliente, claro está.

PRUDEN: Bien. Y… ¿En cuanto a las condiciones económicas?

CALI: Pues en cuanto a eso, puedes estar tranquilo, porque Rentalia Housing es *muy legal* con todo el mundo. No somos como otras empresas que hay por ahí, que van explotando a la gente. Nosotros tenemos claro que un trabajador tiene que cobrar lo justo por su trabajo, ¡porque es así!; y porque queremos que esté contento, comprometido con el proyecto, feliz… Por eso, aquí pagamos a todo el mundo el salario mínimo interprofesional, no como otros.

PRUDEN: (*Atónito.*) El salario mínimo…

CALI: El salario mínimo.

PRUDEN: Interprofesional…

CALI: Interprofesional.

PRUDEN: Eso son… ¿700 euros?

CALI: 707 con 60, exactamente.

PRUDEN: Claro… Por eso decías lo de cobrar "lo justo"…

CALI: (*Sin captar el doble sentido.*) Lo justo.

PRUDEN: (*Todavía sorprendido.*) Vaya tela…

CALI: Eso sí, de media jornada.

PRUDEN: ¡¿Media jornada?! Entonces, ¿trabajaría sólo unas horas?

CALI: Sólo unas horas (*hace una pausa.*) Unas horas por la mañana y unas horas por la tarde.

PRUDEN: Pero, entonces…

CALI: (*Sin dejarle hablar.*) No hay volumen para más, Pruden, qué vamos a hacer… Así están todos nuestros *assistants*… Pero, bueno, la idea es que en unos meses, conforme vaya creciendo el volumen de negocio, la empresa vaya ampliando jornadas poco a poco… ¡Ah, bueno! Y luego están los incentivos por resultados, ¡eh!, que tampoco hay que olvidarlo. Si cierras muchos alquileres, ya sabes… Más te llevas…

PRUDEN: (*Desanimado.*) Los incentivos, sí, claro…

CALI: Pues nada, Pruden, como en el currículum viene tu teléfono, yo te llamo, ¿vale? Esperemos que pases el filtro y que puedas empezar pronto la formación, ¿de acuerdo?

PRUDEN: Sí, claro, sí.

CALI: Pues nada, lo dicho. En cuanto me comunique algo Central, me pongo en contacto contigo. (*Se levanta y le extiende la mano.*)

PRUDEN: (*Se levanta también y estrecha la mano de Cali.*) Muchas gracias.

CALI: ¡No hay de qué, hombre! Siendo amigo de Richi, lo que haga falta… Por cierto, dale recuerdos cuando lo veas, y dile que a ver si se deja caer por el *gym*, que lleva ya un tiempo largo haciendo novillos…

PRUDEN: Lo haré. Gracias de nuevo.

> (*De repente, se vuelve a activar el hilo musical y suena la misma música atronadora del principio.*)

CALI: ¡Anda! ¡Ahora funciona otra vez! Cuando venga Tomi, verás… ¡Se está volviendo loca con el dichoso hilo musical! (*Ríe.*) Esto es así: política de empresa, *look* desenfadado, ya sabes…

PRUDEN: (*Visiblemente aturdido por la música.*) Sí, ya sé, ya sé… Bueno, ¡hasta luego!

CALI: ¡Hasta luego!

TELÓN

ACTO SEGUNDO

Escena I

(El salón vacío de un apartamento. La decoración es sencilla y austera. Hay un sofá en el centro de la escena y un teléfono fijo en alguna parte visible. El equipo de música está encendido y suena una canción de Radiohead: Karma Police[3]. *Entra PRUDEN. Lleva la misma ropa que antes y el mismo portafolios. Viene directamente de la entrevista.)*

PRUDEN: ¡Hola! ¿Eva? ¡He vuelto! *(Apaga la música.)*

(Entra Eva, que viene de arreglarse en el baño. Viste de forma cómoda. Es una chica de la edad de PRUDEN, de una discreta belleza.)

EVA: Hola, cariño. *(Le da un beso de bienvenida.)* ¿Qué tal ha ido?

PRUDEN: Bueno… Normal. *(Suelta el portafolios y se deja caer en el sofá, abatido.)*

EVA: ¿Cómo que *normal?* Podíamos habernos ido, pero estábamos a expensas de lo que pasara en esta entrevista y resulta que ha ido normal… ¿Me puedes explicar qué es para ti *normal?*

---

[3] *Karma police:* canción del disco *OK Computer,* de Radiohead, lanzado el 21 de mayo de 1997, aunque la canción se presentó en 1996, cuando el grupo hacía de telonero para Alanis Morissette durante su gira llamada *Can't Not.* Pertenece al sexto corte dentro del álbum.

PRUDEN: Pues normal es… normal, no sé qué más quieres que te diga… Ni muy bien ni muy mal…

EVA: (*Comenzando a estar irritada.*) ¡Basta ya de tonterías, Pruden, ya está bien! ¡Pretendes rechazar una beca por este supuesto trabajo, así que ya me estás contando todo lo que te han dicho con pelos y señales!

PRUDEN: Bueno, la beca no la he rechazado aún, ¿eh? Aplazamos la decisión porque irse al extranjero era una decisión muy extrema… Sólo en una situación límite se decide algo así…

EVA: Una *situación límite*, dices… ¿Y en qué situación crees que estamos nosotros, Pruden? ¿Te parece poco *límite*?

PRUDEN: Sé muy bien cuál es nuestra situación… Yo sólo quería actuar con lógica y agotar las posibilidades en mi tierra antes de dejarlo todo y salir a la aventura, como tú querías. Que parece que estás deseando…

EVA: (*Con sorna.*) Sí, claro… Menuda aventura… La aventura de verdad va a ser saber cómo ha ido la dichosa entrevista, porque a este paso…

PRUDEN: ¡Vale, mujer, vale! Pues ha ido bien; lo más seguro es que me contraten…

EVA: ¡Vaya! Vamos avanzando… Muy bien. Que te contraten, ¿de qué, si puede saberse?

PRUDEN: Pues del puesto por el que optaba, ¿de qué va a ser? Es algo así como *asistan* de no sé qué…

EVA: Ah… Así que *asistan*… Sí, *asistan* las cosas de mal, sí…

PRUDEN: Venga, menos cachondeo…

EVA: ¡Pues entonces dime de una vez qué es eso de *asistan*!

PRUDEN: ¡Qué va a ser! Pues *asistente*, una especie de agente inmobiliario.

EVA: Hombre, es que un asistente puede ser cualquier cosa…

PRUDEN: Ya, pero es que esto es una empresa inmobiliaria, ya te lo dije, no sé por qué entonces dices que puede ser cualquier cosa…

EVA: (*Resignada*.) Pues porque, siendo idea de tu amigo Ricardo, se puede una esperar cualquier cosa, efectivamente…

PRUDEN: Bueno, bueno, tampoco te metas con él, que no tiene la culpa de nada. El muchacho lo ha hecho por ayudar y yo se lo agradezco… (*Hace una pausa y el ambiente parece distenderse*.) Por cierto, que ahora resulta que no es Ricardo, sino Richi… No te lo pierdas… (*Ríe tímidamente*.)

EVA: ¿Qué dices?

PRUDEN: Como lo oyes… Así lo llaman sus amigos del *gym*… Porque ellos no van al gimnasio, sino al *gym*… Bueno, en realidad, allí no llaman a nadie por su nombre: al tío que me ha atendido le llaman Cali, porque se apellida Calero…

EVA: ¡Buf!

PRUDEN: Bueno, pero lo mejor es lo de su compañera, que se hace llamar Tomi: Tomi por aquí, Tomi por allá… Yo pensaba que era un nombre extranjero, ¡y resulta que se llama Tomasa!

EVA: (*Relajándose un poco.*) Lo estaba viendo venir…

PRUDEN: (*Ríe.*) Sí, sí… ¡Y de extranjera nada, que es de Tomelloso! Al poco de llegar, nos dice que iba a salir al *lunch*… ¿Y sabes en qué consistía ese *luuunch?* (*alarga la pronunciación para que resulte ridícula.*)

EVA: No.

PRUDEN: Pues al irme la he visto en el bar de abajo con un bocadillo de morcilla que no me lo como ni yo… ¡El *lunch*! ¡Menuda *flauta* se estaba comiendo la amiga!

EVA: Madre mía… (*Divertida.*) Bueno, pues un *lunch*… No es más que un almuerzo, ¿no? Pero parece que si lo dices en inglés es porque vas a tomarte un sándwich de aguacate o algo así, ¿verdad?

PRUDEN: Todo el tiempo hablaban de esa manera, mezclando el español con el inglés en una jerga ridícula. Como si por decir cuatro palabras en otro idioma fueran mucho más profesionales, más preparados, más modernos que los *catetos* que conocen los nombres de las cosas en su propia lengua…

EVA: Qué gente tan *cool*…

PRUDEN: (*Simulando enfado.*) ¿Tú también?

EVA: Era broma… Pero, no sé de qué te sorprendes. En realidad, tu amigo Ricardo es parecido.

PRUDEN: Ya estamos… Otra vez con el pobre Ricardo… ¡Que es una buena persona, mujer! ¿Qué te ha hecho?

EVA: A mí nada, pero es la verdad. Él y sus amigos parece que vivan en un mundo fantástico y estupendo, sin responsabilidades, sin cargas, sin preocupaciones... En una fiesta constante, donde todo es diversión, donde nada puede ser aburrido, o doloroso... Nada. Vamos, en un estado de inconsciencia continuo. Y eso no puede ser, Pruden, la vida no es eso. La vida es maravillosa, pero también es aburrida, también es dolorosa; te exige sacrificio a veces, entrega; a ratos hay que estar alegre y a ratos hay que estar triste o preocupado o arrepentido... No es uniforme, y esta gente no lo ve; o hace como que no lo ve...

PRUDEN: Sí, tienes razón, pero Ricardo sólo quería ayudarme, cosa que otros ni han intentado... Se enteró de que un amiguete del gimnasio estaba contratando gente para una empresa nueva y me consiguió la entrevista, ya está... Que luego resulta que es un trabajo basura, pues bien; no lo voy a culpar por no haberme conseguido el trabajo de mis sueños, ¿no? Trabajos buenos no hay, al menos para nosotros, de sobra lo sabes. Por lo menos, se acordó de mí y me consiguió una entrevista con el idiota este...

EVA: (*Seria de nuevo.*) ¿Idiota? ¿Por qué lo llamas idiota? ¿No decías que te había ido bien? ¡Ya me estás contando inmediatamente en qué consiste ese trabajo o me voy a enfadar de verdad!

PRUDEN: Bueno, si es que tampoco sé mucho... Es una empresa que alquila pisos...

EVA: (*Interrumpiéndolo bruscamente.*) ¿Cuánto van a pagarte?

PRUDEN: Un sueldo más las comisiones por objetivos.

EVA: Objetivos que nunca se cumplen… Pero, bueno, ¿y el sueldo de cuánto?

PRUDEN: El salario mínimo…

EVA: (*Alterada.*) ¿700 euros?

PRUDEN: ¡No, mujer! 350…

EVA: ¡Esto es el colmo! ¿Y por esto estábamos esperando a irnos a Londres? ¿Por 300 euros? ¿Y cómo quieres mantener a una familia con 300 euros? (*Hace una pausa y deambula por el salón, nerviosa.*) No, si yo ya me temía algo así… Pero estabas tan ilusionado con este último cartucho antes de irnos, que pensé: "Bueno, que pruebe suerte y ya veremos… No perdemos nada." Lo que más siento es no haberlo visto claro desde el primer momento… ¡300 euros! ¡Qué barbaridad!

PRUDEN: Bueno, mujer, eso es al principio… La idea es aumentarnos la jornada con el tiempo. Por algo hay que empezar…

EVA: Eso sí, que te aumenten la jornada, y así trabajas más… ¡Lo que te tienen que aumentar es el sueldo, no la jornada!

PRUDEN: No, si la jornada tampoco la pueden aumentar mucho más…

EVA: ¡Ah!, que, encima, lo de la media jornada es sólo para el sueldo, ¿no? En cuanto a horas, como una completa, ¿verdad? ¡Genial! Lo que me faltaba por oír…

PRUDEN: Vale, no es gran cosa, pero ya sabes cómo está todo…

EVA: ¡Pruden, por favor! ¿Cómo puedes ser así? Pero, ¿te estás tomando en serio esa basura? ¿Tú estás bien de la cabeza?

PRUDEN: (*Desesperado.*) ¡Bueno, vale! ¿Y qué quieres que haga? ¡No hay trabajo! ¿Es que no lo sabes? ¡Parece mentira! ¿Qué esperabas que me ofrecieran, 3.000 euros? ¿Eso es lo que esperabas? ¿Dónde hay un trabajo así? ¡Dímelo! ¿Quién es entonces más iluso, Eva, tú o yo?

(*Silencio.*)

EVA: Llevas razón, vamos a calmarnos… Igual estoy siendo muy dura contigo, pero es que me duele verte así… Me da la sensación de que te has estado creando falsas esperanzas en torno a esto cuando ya teníamos la decisión de irnos casi tomada…

PRUDEN: ¡Bueno, ya, pero tenía que intentarlo, Eva! Entiende que no me quiera ir a Inglaterra así como así, ¿no? Había que agotar todas las posibilidades. Tampoco sabíamos lo qué me iban a ofrecer…

EVA: (*Sosegada, hablando con cierta ternura.*) ¿Crees que yo quiero irme? Pero hay que pensar en todo, Pruden. Ahora ya no somos tú y yo solos. Tendremos que pensar en nuestro hijo, ¿no? (*Coge la mano de él y la coloca sobre su vientre.*)

PRUDEN: (*Sonriendo con emoción.*) O hija…

EVA: O hija… Pero, sea lo que sea, habrá que darle un futuro. Y con el panorama que tenemos aquí, es imposible. Tú sin trabajo, o con la ridiculez esa de los pisos, y yo con media jornada en la asesoría. Entenderás que así…

PRUDEN: Ya, ya lo sé. Más vale que nos vayamos haciendo a la idea, ¿verdad? Pero, en el fondo, me duele, ¿sabes? Me duele tener que irme, que mi hijo no pueda crecer aquí, con sus abuelos, con sus primos… No sé, es muy injusto… Luego se les llena la boca con la patria, con la idea de país… ¿De qué me sirve a mí un país si no puedo vivir en él?

EVA: ¿Y qué es un país, Pruden? ¿Tú lo sabes?

PRUDEN: Pues un país es… ¡Un país! ¡Pues esto! La tierra, la gente…

EVA: ¿La gente? ¿Qué gente? ¿El cretino que te acaba de entrevistar? ¿Los bocazas del bar? ¿Los hinchas del fútbol? ¿Los cínicos de las tertulias? ¿El cacique de tu pueblo, que apenas sabe hablar? ¿Quiénes son tu país, Pruden? ¿Con quiénes te identificas tú?

PRUDEN: ¿Que con quiénes me identifico? Pues con las personas afines a mí, con las que comparto cosas, con las que tengo algo en común…

EVA: ¿Y no habrá personas así en cualquier parte del mundo, Pruden? ¿No tienes más cosas en común con un inglés al que le guste Radiohead, por ejemplo; o los libros; que se preocupe por los demás, por la Naturaleza? ¿No te sientes más cerca de alguien así que de los que te he nombrado antes?

PRUDEN: Pues supongo que sí… Pero tampoco creas que los ingleses son todos como acabas de decir, ¿eh?, que también hay mucho energúmeno, como en todas partes. Ten en cuenta que se están incrementando las agresiones xenófobas, por ejemplo, y que hace nada optaron por el Brexit[4].

---

[4]   Referencia al *British exit*: proceso político que supuso el abandono por parte del Reino Unido de su condición de Estado miembro de la Unión Europea, llevado a cabo el 31 de enero de 2020.

EVA: Y se están arrepintiendo algunos…

PRUDEN: Algunos, ¿eh?, no todos. La mayoría tenía muy claro lo que votaba y por qué: odio al extranjero. Lo del arrepentimiento es cosa de los medios: Entrevistaron a unos cuantos por la calle al día siguiente del referéndum y les preguntaron: "¿Votó usted a favor del Brexit? –Sí. – ¿Y usted quiere salir de Europa? –No. – ¿Y por qué votó usted que sí? –Porque no sabía que votar que sí a salir de la UE significaba salir de la UE." ¿Se puede ser más idiota? ¿Qué sentido tiene eso? Es una prueba más de que el mundo se va al garete. ¡Los signos del derrumbe!

EVA: En todos sitios cuecen habas. Es muy fácil tachar de tontos a los ingleses o a los americanos por el resultado de sus votaciones; pero, ¿y aquí, Pruden? ¿Qué hemos votado aquí? Pues te lo voy a decir yo: la corrupción, los recortes sociales, la pérdida de derechos y de libertades, el abandono de la investigación y de la cultura… Eso es lo que hemos votado. ¿Somos más listos que los ingleses, entonces?

PRUDEN: ¡Yo no he votado todo eso que dices!

EVA: Claro que no. Pues lo mismo ocurre con muchísimos ingleses; y con muchísima gente en todas partes. No tienen más remedio que tragar con lo que les impone la mayoría.

PRUDEN: ¡Pero yo no tengo por qué pagar por la inconsciencia de otros! ¿No ves que no es justo? Lo siento, yo no puedo tomármelo tan bien como tú… ¡Es mi vida y la de mi familia! ¿Por qué no puedo vivir donde yo quiera? ¿Por qué mis padres no pueden ver crecer a su nieto?

EVA: Estás siendo muy egoísta. Te recuerdo que la beca de investigación te la han dado a ti, y que yo me voy a dar clases de español por una casualidad, gracias a que mi primo Jesús vive cerca de tu universidad y ha podido convencer a la directora de su *college* para que me contraten; que si no, ni eso... ¿Te crees que dar cuatro clases de español a la semana es el sueño de mi vida? Y tú, encima, hablas como si fuera yo la que te arrastrase a ir, como si yo estuviera deseando... Tú sólo hablas de ti y de tu familia. ¿No te has parado a pensar en la mía? ¿Crees a que mis padres no les duele tenernos lejos a mí y a su nieto?

PRUDEN: Pues si tanto les duele, si tanto sufren por el futuro de sus hijos y de sus nietos, que no hubiesen votado lo que han votado.

EVA: ¿Qué dices?

PRUDEN: Lo que has oído. Que si tanto sufren tus padres ahora, que no hubieran sostenido durante cuarenta años toda esta farsa. ¡Tiene delito que, viendo cómo estamos nosotros, viendo cómo está medio país, sigan votando a los mismos! Que sea prudente no quiere decir que sea tonto. Cada uno puede votar a quien quiera, claro está, pero me duele. Me duele que mi propia familia apoye a quien me está quitando el pan, a mí y a mis hijos.

(*Se hace un silencio gélido.*)

Fotografía de la representación con dos de sus personajes: Eva y Pruden

EVA: Estás siendo muy duro. Duro y bastante injusto, además. ¿Qué insinúas? ¿Que a mi familia no le importamos nada; que no quieren lo mejor para su nieto? ¿Es eso lo que estás intentando decir?

PRUDEN: (*Pesaroso, con cierto arrepentimiento.*) No he querido decir eso...

EVA: ¡Pues lo has dicho, Pruden! ¡Lo has dicho!

PRUDEN: Vale, lo siento. No me has entendido.

EVA: A lo mejor el que no entiende eres tú. Nuestros padres nacieron en la posguerra, en los años del hambre y en una dictadura fascista. ¿Tú sabes lo que debió de ser aquello? No, claro que no lo sabes; ni yo tampoco. Y no lo sabemos porque ellos hicieron que no nos faltase de nada, que nuestra vida fuera infinitamente más cómoda que la suya y completamente distinta. (*Pausa.*) Es muy fácil ahora juzgarlos; verlos como unos retrógrados desde aquí, desde nuestro siglo XXI; con estudios, con bienestar, con oportunidades… Pero ellos no pudieron elegir, ¿sabes? Su mundo era el que era y punto. Puede que no construyeran el país ideal, pero lo sacrificaron todo por nosotros, por los que iban a venir detrás; así que no seas tan ingrato con ellos.

PRUDEN: Mis padres nacieron en la misma época y no votan lo mismo que ellos. Muchísima gente de esa época eligió una manera de actuar muy distinta y le debemos mucho. No creo que lo que dices sea disculpa para todo…

EVA: ¡Chico! Hablas como si fueras el hijo de La Pasionaria[5]… ¿Dónde te has criado tú? ¿En la antigua Unión Soviética? ¿En una comuna anarquista? Porque, que yo sepa, tu familia es muy parecida a la mía… Los mismos valores que me inculcaron a mí, te los inculcaron a ti; fuimos a los mismos colegios; a la catequesis… Así que no me vengas ahora como si fueras un huérfano de Leningrado, que quien te oiga…

PRUDEN: Yo no te he dicho que sean distintas, sólo que no votan a quien se está riendo de ti y te está robando el futuro. Al menos, es un detalle.

EVA: Hay menos diferencia de la que tú crees, pero, bueno… Será como tú quieras. Al menos reconóceles su mérito, no seas ingrato. Yo no pienso igual que mis padres, incluso discutimos a menudo, pero si soy lo que soy es por ellos.

---

[5] Referencia a la política española Dolores Ibárruri, dirigente del Partido Comunista de España entre 1942 y 1989, siendo la primera mujer dirigente de un partido político español.

PRUDEN: Sí, si en eso llevas razón, supongo... Cada uno conoce su circunstancia y no te niego que hicieron las cosas con la mejor intención.

EVA: Nos educaron muy bien. A ti y a mí, a toda nuestra generación. Digas lo que digas, lo hicieron muy bien. Nos educaron en la dignidad, y eso no tiene precio.

PRUDEN: Nos educaron para un mundo que ya no existe: "Estudia y tendrás un porvenir", "trabaja mucho y no te faltará de nada", "cotiza, paga impuestos y te podrás jubilar a los 65", "sé honrado y tendrás tu recompensa", "mira por los demás", "sé correcto y lo serán contigo", "conserva siempre tus modales"... ¡Y yo me lo creí! ¡Qué pena! ¡Qué distinto ha sido todo! (*Pausa.*) Somos una generación en tierra de nadie: jugábamos a las canicas en la calle y ahora usamos tabletas y móviles inteligentes; no estamos ni en un mundo ni en el otro, y así nos va: vamos a dejarles a nuestros hijos un mundo peor: con más desequilibrio, con menos derechos, con menos libertades, más empobrecido...

EVA: Bueno, bueno... No te pongas estupendo... ¿Es la amargura del emigrante?

PRUDEN: No. Es sólo que me cuesta mucho aceptar el hecho de marcharme porque es una historia que se repite siempre en mi familia, por desgracia. Desde mis abuelos...

EVA: En mi familia también hay casos.

PRUDEN: ¿En la tuya? Ahora me entero... ¿Qué casos son esos?

EVA: El de mi tío.

PRUDEN: ¿Qué tío?

EVA: Mi tío Camilo, que estuvo en Francia.

PRUDEN: ¿Tu tío Camilo?

EVA: Sí.

PRUDEN: ¿El del estanco?

EVA: ¡No tengo otro!

PRUDEN: (*Riendo.*) ¡Esta sí que es buena! ¡Tu tío Camilo! Tu tío Camilo no emigró a ninguna parte en su vida. No sabes lo que dices.

EVA: ¡Pues claro que sí! En los últimos años de la dictadura, mi tío se fue a Francia.

PRUDEN: ¡Eva, por favor! En los últimos años de la dictadura, tu tío se fue a Francia, sí. Se fue a Perpignan con dos amigos a ver en un cine *Emmanuelle*[6], que aquí estaba prohibida. Allí se enamoró de la dueña de la pensión, que era viuda, y estuvo a punto de dejarlo todo y quedarse con ella...

EVA: Pero, ¿qué tonterías son esas?

PRUDEN: Tonterías, ninguna. Se quedó con ella quince días, pero se arrepintió, pudieron con él los remordimientos, y volvió al pueblo con su familia diciendo que se había tenido que quedar más tiempo por una pulmonía. El problema es que en los pueblos enseguida vuelan los cotilleos, y lo de la pulmonía no se lo tragó

---

[6] Película francesa erótica de 1974 dirigida por Just Jaeckin y protagonizada por la actriz Sylvia Kristel. Toda una referencia del cine para los españoles que cruzaban la frontera gala para ver las proyecciones de películas prohibidas bajo la dictadura franquista. Basada en la novela *Emmanuelle*, de Emmanuelle Arsan, publicada en 1959.

nadie. ¿Por qué crees que lo llamaban *El Mazapán*? El mazapán *de la viuda*. (*Ríe sin poder contenerse.*)

EVA: ¿Y a ti quién te ha contado esa historia?

PRUDEN: ¿A mí? Tu padre.

EVA: ¿Mi padre?

PRUDEN: Sí, tu padre. Y no una sola vez. Es una de sus historias favoritas: *El escarceo de su cuñado en Francia*. Le divierte muchísimo. En cada comida familiar, en cuanto se toma dos vinos, me lleva aparte y me la cuenta.

EVA: ¡Mira qué gracioso, mi padre! Claro, como es el hermano de su mujer, le hace mucha gracia la historia; pero, si hubiera sido su hermano, no le hubiese hecho tanta… Pues has de saber que eso no son más que chismes maliciosos, porque mi tío fue allí a probar suerte en unos negocios.

PRUDEN: Probar, probaría, imagino… ¡Lo que le dejase la viuda!

EVA: ¡Cállate, anda!

PRUDEN: Yo me callo; pero, ¿qué negocios iba a probar en Francia el dueño de un estanco? ¿No ves que no tiene sentido? Además, en aquella época, los estancos se los concedían a los allegados del régimen, que no se te olvide…

EVA: El estanco lo heredó de su madre, listo. ¿Qué tiene eso que ver? ¿Quieres dejar a mi tío en paz?

PRUDEN: Tiene que ver porque no daba el perfil de un emigrante, Eva, reconócelo.

EVA: ¡El perfil de un emigrante! ¿Y cómo es un emigrante? ¿Tú das el perfil del emigrante? ¿O yo? No estás diciendo más que estupideces.

PRUDEN: No son estupideces. Mis tíos sí que se marcharon de verdad a Francia; mi propio padre tuvo que irse también. Él al menos pudo volver al poco tiempo y formar aquí su familia, pero mis tíos allí siguen; y allí se morirán, seguramente.

EVA: Como Machado…

PRUDEN: Como Machado y como tantos otros que no conocemos.

EVA: (*Melancólica, mirando al vacío.*) ¿Te acuerdas de cuando fuimos a Collioure a ver su tumba?

PRUDEN: ¡Cómo no me voy a acordar! Menuda tormenta había aquel día. Casi no llegamos…

EVA: El día que llegó él también llovía…

PRUDEN: Lo suyo fue peor. Bastante peor.

EVA: Desde luego. Pero él al menos sabía de quién huía. Sus enemigos estaban detrás, pisándole los talones. Nosotros no sabemos dónde están los nuestros.

PRUDEN: A lo mejor es que están en muchos sitios a la vez, dispersos.

> (*Hay un silencio. Eva se levanta y merodea por el salón, quizá buscando alguna fotografía.*)

EVA: Fue muy emocionante ir a Collioure.

PRUDEN: Sí que lo fue.

EVA: ¿Pensaste en que un día tendríamos que irnos nosotros?

PRUDEN: Claro que no. Nadie podía imaginarse esta situación entonces.

EVA: No. Como todo lo malo: nunca crees que vaya tocarte a ti, hasta que te toca.

(*Silencio.*)

PRUDEN: Siempre se van los mismos, ¿te das cuenta? Ellos, en cambio, son los que se quedan. Y ya está bien. Ya está bien. Como si el país fuera sólo suyo.

EVA: (*Se acerca a él, le acaricia el rostro, con delicadeza, y lo dirige hacia el suyo.*) ¿El país? El mundo es suyo, Pruden. El mundo es suyo.

PRUDEN: (*Pensativo.*) Puede que tengas razón… Pero, ¿qué quieres que te diga? No me hago a la idea de que mi hijo nazca allí… ¡Mira que si nos sale un *hooligan*, de esos blancuchos y gordos que se *achicharran* con el sol de Benidorm! ¿Te imaginas? Paseándose por la casa en chanclas y con la camiseta del Manchester, rapado como una bola de billar…

EVA: (*Ríe enérgicamente por la broma.*) ¡Qué tonto eres! ¡O con las sandalias y los calcetines!, ¿no te digo? (*Empieza a hacerle cosquillas.*) ¡Que sepas que el niño es *made in Spain*! Además, hay muchos estereotipos de ingleses, ¿sabes?, no es ese el único… Mira que si nos sale un mulatón guapísimo…

PRUDEN: ¡Oye tú! (*Responde a sus cosquillas.*) ¡Que has dicho dónde está hecho pero no por quién!

EVA: ¡Pues por quién va a ser, tontito!

(*Acaban abrazados, acariciándose con ternura.*)

EVA: Entonces, ¿qué vamos a hacer?

PRUDEN: Está claro, ¿no?

EVA: Lo teníamos casi decidido, ¿recuerdas? Sólo esperamos a tu entrevista por si acaso; pero ya ves...

PRUDEN: Ya. Da miedo, ¿verdad?

EVA: Claro que da miedo. Pero todo el mundo tiene miedo. Piensa en el tipo de la entrevista, sin ir más lejos, o en Ricardo y sus amigos ¿A qué viene toda esa euforia, toda esa ceguera, esa fanfarronería, esa simpleza? Están muertos de miedo. La realidad les da miedo.

PRUDEN: La realidad... No te la comas de vista, ¡eh!: Parece algo abstracto, pero, en un momento, te cambia el programa electoral de un partido de cabo a rabo.

EVA: (*Ríe la broma.*) ¡Y no pasa nada!

(*Siguen un momento abrazados, en silencio.*)

PRUDEN: Bueno, pues al menos podré seguir trabajando en lo que me gusta, ¿no? En otra lengua, en otro país, pero al menos...

EVA: Pues claro; no todo el mundo tiene esa suerte... Y, además, debería hacerte algo de ilusión vivir en la cuna del pop, ¿no? Los Beatles, los Rolling, Radiohead... La música que ha marcado tu vida, Pruden. ¡Alégrate por lo menos un poquito! Y –quién sabe–, en la patria del pop, a lo mejor tenemos un Thom Yorke[7] por hijo…

PRUDEN: ¡Ah!, ¿ya hemos decidido el nombre y todo?

EVA: ¡Claro! Thom. Y si es chica, Tomi, como la del bocadillo de morcilla.

PRUDEN: ¡Anda ya! (*Más tranquilo y sonriente.*) Pero, tienes razón: hay que quedarse con lo positivo, supongo. (*La coge con suavidad de la barbilla y dirige su cara hacia la suya.*) Muchas gracias. (*La besa y la abraza. Permanecen así unos segundos.*)

PRUDEN: Bueno, pues tendremos que empezar a movernos, ¿no?

EVA: Sí, que a mis padres no les gusta comer tarde.

PRUDEN: ¿Se lo vamos a decir ya?

EVA: Sí, ¿no? Y al terminar de comer vamos a casa de los tuyos, ¿te parece?

PRUDEN: Pues sí. Cuanto antes sepan que ya es seguro, mejor.

EVA: Y hay que llamar a Jesús para decirle que vamos, pero no me queda nada de batería en el móvil. Tendrá que confirmárselo a su directora, ¿no?

PRUDEN: Tranquila, ahora mismo lo llamo yo, de camino a casa de tus padres.

EVA: Vale. Se va a alegrar. Con lo que nos ha comido la cabeza…

---

[7] Vocalista y compositor principal del grupo británico alternativo Radiohead.

PRUDEN: Y tanto… ¡Ah!, y a Mayte, para que nos consiga los billetes.

EVA: Eso también urge, que, con mayor antelación, más baratos nos saldrán.

PRUDEN: (*Levantándose.*) Venga, vamos.

EVA: ¡Espera!

PRUDEN: ¿Qué?

EVA: Dame un abrazo. (*Se funden en un largo abrazo.*)

PRUDEN: Todo va a salir bien.

EVA: Claro que sí.

PRUDEN: (*Poniendo la mano en el vientre de Eva.*) ¡Vamos, pequeño *hooligan*!

EVA: (*Sonriendo.*) O pequeña…

PRUDEN: ¡Vamos!

(*Salen.*)

Escena II

(*El salón está vacío. Suena el teléfono: unos cuantos tonos y se activa el contestador automático. En la sala se oye la contestación programada, la señal y la voz de la persona que graba el mensaje.*)

VOZ: ¿Pruden? Hola, soy Cali. Te he llamado al móvil y está comunicando. Menos mal que venía tu fijo en el currículum… Mira, quería decirte que vas a empezar con la formación mucho antes de lo que pensábamos: ¡Mañana mismo, si quieres! Resulta que se nos ha ido un *personal assistant* y nos urge reemplazarlo, ¿sabes? Un chaval que ha decidido irse a Londres a buscarse la vida, ya ves… ¡Con lo mal que se come por allí! (*Se le escucha reír.*) Bueno, pues lo dicho: llámame en cuanto puedas, ¿vale? A cualquier hora. Tienes mi móvil en la tarjeta. ¡Venga, artista! ¡Chao! (*Cuelga.*)

(*Suena de nuevo* Karma Police.)

TELÓN

Fotografías del autor, la directora y los actores en los ensayos
y el día del estreno

El camino de los elefantes
y
La entrevista
de
Antonio Rodríguez Jiménez

se terminó de imprimir el 13 de abril de 2024
en una tirada de 200 ejemplares numerados a mano.
118 años antes nacía en Irlanda el escritor
Samuel Beckett
quien escribió:

Intento fallido es aún intento.
No haber intentado es fallar sin remedio.

Nº. *179*

Colecciones Chamán Ediciones:

Chamán ante el fuego (Poesía)

1. *Desde el mar a la estepa (Antología de poetas del sudeste español)*
2. *Rocinante*, Alfred Corn (antología bilingüe inglés / castellano)
3. *Volvimos a escuchar ese adagio de Mozart*, Guillermo Samperio
4. *El libro blanco*, Augusto Rodríguez
5. *Exhumación de la fábula*, Javier Bello
6. *Las lágrimas de Chet Baker caen a piscinas doradas*, Abel Santos (2ª edición)
7. *Hierofanías*, Alfredo Rodríguez
8. *Breve historia del circo*, Pablo Cerezal
9. *Miguel Hernández. El que no está*, Sergio Delicado (2ª edición)
10. *Pólvora en el sueño*, Miguel Ángel Velasco
11. *Las mudas soledades*, Pedro Gascón
12. *Celebrad los días. Poesía Completa*, Sergio Algora
13. *Labor de melancoholismo*, Toni Montesinos Gilbert
14. *Con todo este ruido de fondo o El imperio de las luciérnagas*, Vicente Velasco Montoya
15. *Vigía de tu paso*, Pilar Blanco Díaz
16. *El paso que se habita*, Esther Peñas
17. *Latido izquierdo*, Rubenski Pereira
18. *Animal fabuloso*, José Óscar López
19. *También vivir precisa de epitafio. Antología poética (1983-2017)*, Javier Sánchez Menéndez
20. *Teimosa maré / Terca marea*, Manuel Neto dos Santos (edición bilingüe portugués / castellano)
21. *Abril en los inviernos*, Nicolás Corraliza
22. *Refugio en el vuelo*, Pedro Sánchez Sanz
23. *Hasta que nada quede (Poesía reunida 1978-2019). Volumen I. Obra publicada*, José Antonio Martínez Muñoz
24. *Digterne / Poetas*, Pejk Malinovski (edición bilingüe danés / castellano)
25. *El momento (Una manera de medir el tiempo I)*, Valentín Carcelén
26. *La luz de lo perdido (Antología poética 1976-2020)*, Javier Lostalé
27. *Yo escribo la noche*, Pilar Blanco Díaz (Premio de la Crítica Literaria Valenciana 2021)
28. *De lo terrible*, Ana Martínez Castillo

www.chamanediciones.es